Martin D. Caldwell

Le Code Divin
Aeons et Christianisme Ésotérique

Titre Original : The Divine Code – The Aeons and Esoteric Christianity
Copyright © 2025, publié par Luiz Antonio dos Santos ME.
Cet ouvrage est une exploration des concepts ésotériques du christianisme, mettant en lumière les enseignements gnostiques et la structure cosmique des Éons. À travers une approche spirituelle et philosophique, l'auteur dévoile les principes cachés du divin et leur influence sur la quête intérieure de l'homme.
1ère Édition
Équipe de Production
Auteur : Martin D. Caldwell
Éditeur : Luiz Santos
Couverture : Studios Booklas / Pierre Delacroix
Consultant : Antoine Lambert
Chercheurs : Claire Moreau / Étienne Dubois / François Leclerc
Mise en page : Sophie Garnier
Traduction : Nicolas Martel

Publication et Identification
Le Code Divin
Booklas, 2025
Catégories : Ésotérisme / Spiritualité chrétienne
DDC : 230.046 / **CDU** : 27-1

- **Droits d'auteur**

Tous les droits sont réservés à :
Luiz Antonio dos Santos ME / Booklas
Aucune partie de ce livre ne peut être reproduite, stockée dans un système de récupération ou transmise par quelque moyen que ce soit – électronique, mécanique, photocopie, enregistrement ou autre – sans l'autorisation préalable et expresse du détenteur des droits d'auteur.

Sommaire

Index Systématique 5
Prologue 10
Chapitre 1 Perspective au-delà du dogme 14
Chapitre 2 La Compréhension des Éons 22
Chapitre 3 Le Champ des Forces Divines 31
Chapitre 4 Intelligences Cosmiques 40
Chapitre 5 Contexte Religieux et Philosophique 48
Chapitre 6 La Plénitude Divine 56
Chapitre 7 Hiérarchie Éonique 63
Chapitre 8 La Chute Cosmique 70
Chapitre 9 Christ, l'Éon Sauveur 78
Chapitre 10 L'Esprit Saint, l'Éon Féminin 85
Chapitre 11 Création du Monde Matériel 92
Chapitre 12 Fonctions des Éons 99
Chapitre 13 Éons et le Temps 106
Chapitre 14 Variations Éoniques 113
Chapitre 15 Critiques du Concept 122
Chapitre 16 La Mission Rédemptrice du Christ 130
Chapitre 17 Le Christ dans la Hiérarchie Éonique 137
Chapitre 18 La Mission du Christ dans le Monde Matériel 144
Chapitre 19 L'Évangile de la Vérité et l'Éon Christ 151
Chapitre 20 Les Enseignements Secrets de l'Éon Christ 157

Chapitre 21 Christ Éonique et Jésus Historique 163

Chapitre 22 Chemin vers la Connaissance Salvifique 170

Chapitre 23 Retour au Plérôme 177

Chapitre 24 Le Sacrifice de l'Éon Christ................................... 184

Chapitre 25 Harmonie et Coopération dans le Royaume Divin 191

Chapitre 26 Pratique Spirituelle Personnelle 198

Chapitre 27 Connaissance des Éons... 205

Chapitre 28 Guides sur le Chemin Spirituel 211

Chapitre 29 L'Éveil à la Réalité Divine 218

Chapitre 30 Les Éons dans la Spiritualité Contemporaine 224

Chapitre 31 L'Évolution Humaine et le Christianisme Ésotérique 230

Épilogue 237

Index Systématique

Chapitre 1 : Perspective au-delà du dogme - Explore le christianisme ésotérique comme une dimension profonde de la foi chrétienne, transcendant les interprétations dogmatiques pour explorer les aspects mystiques et symboliques de la tradition.

Chapitre 2 : La Compréhension des Éons - Aborde la compréhension des Éons comme des émanations divines qui structurent l'univers et relient la source transcendante aux sphères inférieures de la création.

Chapitre 3 : Le Champ des Forces Divines - Révèle l'univers comme un champ dynamique d'interactions spirituelles, où les Éons et les forces inférieures coexistent et façonnent la réalité et l'expérience humaine.

Chapitre 4 : Intelligences Cosmiques - Explore les Éons comme des intelligences cosmiques qui soutiennent et imprègnent le cosmos, connectant l'esprit humain aux dimensions supérieures et guidant l'éveil spirituel.

Chapitre 5 : Contexte Religieux et Philosophique - Examine les influences philosophiques et religieuses qui ont contribué à la formation du concept d'Éons, enraciné dans le syncrétisme de l'Antiquité tardive.

Chapitre 6 : La Plénitude Divine - Explore le Plérôme comme la dimension spirituelle absolue, exprimant l'essence de la Divinité Suprême et abritant les Éons, manifestations de sa richesse infinie.

Chapitre 7 : Hiérarchie Éonique - Analyse la structure hiérarchique des Éons, leur organisation en familles et en ordres, et leur coopération harmonieuse pour maintenir l'équilibre cosmique.

Chapitre 8 : La Chute Cosmique - Narre le drame de Sophia, l'Éon de la Sagesse, dont la chute au-delà du Plérôme donne naissance au monde matériel et à la condition humaine d'exil spirituel.

Chapitre 9 : Christ, l'Éon Sauveur - Présente le Christ comme une émanation divine destinée à restaurer l'harmonie cosmique et à guider l'humanité vers la rédemption et le retour à la plénitude divine.

Chapitre 10 : L'Esprit Saint, l'Éon Féminin - Révèle l'Esprit Saint comme un Éon féminin, une force divine créatrice, nourricière et inspiratrice, qui participe à la structure cosmique et à l'éveil de l'âme humaine.

Chapitre 11 : Création du Monde Matériel - Explore la vision gnostique de la création du monde matériel comme un événement perturbateur, résultant de la chute de Sophia et de l'action du Démiurge.

Chapitre 12 : Fonctions des Éons - Analyse les fonctions des Éons dans l'organisation cosmique, l'évolution de la conscience et la rédemption humaine, soulignant leur rôle actif dans le maintien de l'harmonie et de la guidance spirituelle.

Chapitre 13 : Éons et le Temps - Examine la relation entre les Éons et le temps, contrastant l'éternité éonique, pleine et immuable, avec la temporalité linéaire et fragmentée du monde matériel.

Chapitre 14 : Variations Éoniques - Explore la diversité des systèmes gnostiques et la manière dont ils conçoivent et organisent les Éons, reflétant la flexibilité et l'adaptabilité de la pensée gnostique.

Chapitre 15 : Critiques du Concept - Aborde les critiques historiques et théologiques du concept d'Éons, ainsi que sa révalorisation symbolique et archétypale dans la pensée moderne et contemporaine.

Chapitre 16 : La Mission Rédemptrice du Christ - Analyse la mission du Christ comme Éon Sauveur, qui transcende les conceptions traditionnelles du salut et se centre sur l'éveil de la conscience humaine et la réintégration au divin.

Chapitre 17 : Le Christ dans la Hiérarchie Éonique - Explore la position du Christ au sein de la hiérarchie éonique, son rôle de médiateur et de restaurateur de l'harmonie cosmique, et sa relation avec les autres Éons.

Chapitre 18 : La Mission du Christ dans le Monde Matériel - Examine la descente du Christ dans le monde matériel comme un acte de compassion divine, sa mission de rétablissement de la mémoire spirituelle et d'éveil de la Gnose dans l'âme humaine.

Chapitre 19 : L'Évangile de la Vérité et l'Éon Christ - Analyse l'Évangile de la Vérité comme un témoignage de la mission de l'Éon Christ, qui révèle l'amour du Père et la Gnose comme chemin de rédemption et de retour à la plénitude divine.

Chapitre 20 : Les Enseignements Secrets de l'Éon Christ - Explore les enseignements secrets de l'Éon Christ, préservés dans des œuvres comme l'Évangile de

Thomas, qui révèlent une connaissance primordiale et une pédagogie spirituelle pour l'éveil de la conscience.

Chapitre 21 : Christ Éonique et Jésus Historique - Aborde la distinction et la complémentarité entre le Christ Éonique, principe spirituel éternel, et le Jésus Historique, manifestation temporelle et incarnée de cet archétype.

Chapitre 22 : Chemin vers la Connaissance Salvifique - Décrit le chemin vers la Gnose comme une recherche intérieure, une redécouverte de l'essence spirituelle et une transformation de la conscience guidée par la lumière du Christ Éonique.

Chapitre 23 : Retour au Plérôme - Présente le retour au Plérôme comme l'aboutissement du voyage spirituel, la réintégration de l'âme à sa plénitude divine et la restauration de l'unité originelle, rendue possible par la Gnose et l'action rédemptrice du Christ.

Chapitre 24 : Le Sacrifice de l'Éon Christ - Analyse le sacrifice du Christ comme un don cosmique d'amour et de compassion, une descente volontaire dans la matière pour servir de pont entre le Plérôme et le monde déchu, et un modèle pour la transformation spirituelle.

Chapitre 25 : Harmonie et Coopération dans le Royaume Divin - Explore l'harmonie et la coopération entre les Éons dans le Plérôme, soulignant la participation de tous à la mission rédemptrice et inspirant une coexistence humaine basée sur l'unité et la collaboration.

Chapitre 26 : Pratique Spirituelle Personnelle - Aborde la pratique spirituelle personnelle basée sur la connexion consciente avec les Éons, impliquant le développement d'une réceptivité intérieure et l'utilisation de techniques comme la méditation et la contemplation.

Chapitre 27 : Connaissance des Éons - Décrit la connaissance des Éons comme un processus d'accès direct à la réalité spirituelle, une intégration expérientielle qui transforme la conscience et permet de percevoir le monde comme une manifestation du divin.

Chapitre 28 : Guides sur le Chemin Spirituel - Présente les Éons comme des guides spirituels qui accompagnent l'âme dans son voyage de retour à la source divine, offrant inspiration, protection et sagesse à travers des signes, des intuitions et des synchronicités.

Chapitre 29 : L'Éveil à la Réalité Divine - Explore l'éveil à la réalité divine comme une transformation de la conscience, guidée par les Éons, qui permet de percevoir la présence du divin en toutes choses et de se reconnaître comme une émanation de la Source.

Chapitre 30 : Les Éons dans la Spiritualité Contemporaine - Analyse la pertinence des Éons dans la spiritualité contemporaine, répondant aux besoins d'une humanité en quête de sens et de reconnexion avec le divin, et offrant une vision inclusive et expérientielle de la réalité spirituelle.

Chapitre 31 : L'Évolution Humaine et le Christianisme Ésotérique - Examine l'évolution humaine comme un processus de transformation de la conscience, guidé par les Éons, qui conduit à la restauration de l'unité originelle et à la participation consciente au déploiement de la lumière divine dans le cosmos.

Prologue

Il existe des connaissances si anciennes et si essentielles que leur simple existence menace les fondements du monde visible. Ce sont des fragments d'une vérité primitive, dont les racines s'entrelacent avec les courants cachés de l'histoire spirituelle même de l'humanité. Parmi ces reliques immatérielles, un concept refait surface — réduit au silence pendant des siècles, caché par des voiles de dogmes et d'oublis — et maintenant, pour la première fois, révélé avec clarté et profondeur. Permettez-vous de vous éveiller aux Aeons, les fils invisibles qui soutiennent la multiplicité de l'univers, les intelligences divines qui précèdent la matière et transcendent la compréhension linéaire du temps.

Ce que vous vous apprêtez à lire n'est pas seulement une œuvre ; c'est une clé. Chaque mot, chaque concept révélé, ouvre un portail vers un univers caché, enfoui sous des couches de doctrines, de persécutions et de récits censurés. Les Aeons — émanations de la source divine suprême — sont la mémoire vivante du cosmos, un réseau lumineux qui relie chaque être à l'origine transcendante. Ils ne sont pas des mythes, ni des symboles lointains. Ils habitent la structure de la réalité et ont toujours vibré, au cœur de votre conscience oubliée.

Dès les premiers siècles de l'ère chrétienne, des voix audacieuses murmuraient à propos de ces gardiens cosmiques. Des maîtres spirituels et des mystiques silencieux les connaissaient, non pas comme des abstractions théologiques, mais comme des présences vivantes, des forces ordonnatrices qui façonnent non seulement les mondes invisibles, mais aussi les destinées humaines. Ces maîtres savaient que la vraie connaissance ne pouvait être atteinte que lorsque l'individu reconnaissait sa propre étincelle divine — une étincelle dont l'origine est entrelacée avec les Aeons eux-mêmes.

Au cœur des anciens cercles gnostiques, les Aeons étaient vénérés comme des portails vivants entre le divin et l'humain. Ils forment une chaîne dorée de sagesse et de lumière, une hiérarchie lumineuse qui descend en spirale de la source primordiale jusqu'aux recoins les plus reculés de la création matérielle. Chaque Aeon porte un nom sacré, une vibration unique et une fonction cosmique, préservant l'harmonie universelle et guidant les âmes dans leur voyage de retour. Comprendre les Aeons, c'est dévoiler la carte cachée du cosmos et de l'âme humaine.

Cependant, cette sagesse a été condamnée au silence. Avec la consolidation du christianisme dogmatique et le renforcement de l'Église institutionnelle, tout ce qui offrait à l'individu un accès direct au divin est devenu dangereux et hérétique. Le concept d'Aeons a été arraché des textes sacrés, relégué aux apocryphes et enseveli dans des bibliothèques secrètes et des codex enterrés dans des déserts oubliés. Les grands conciles ecclésiastiques, en établissant un Dieu distant et autoritaire, ont nié à l'homme le droit de se souvenir de sa lignée sacrée et de sa connexion directe avec les agents de la création.

Ce livre ressuscite ce que le temps et le pouvoir ont tenté d'oblitérer. Ici, vous ne trouverez pas d'explications superficielles ou de doctrines simplifiées. Ce qui se présente devant vos yeux est une révélation — une reconstruction de la connaissance intégrale, mystique et cosmique qui vibre dans les lignes de fuite des évangiles rejetés, dans les échos des traditions hermétiques et dans les murmures préservés par les initiés de l'ancienne sagesse.

Chaque page est un appel au souvenir. En comprenant les Aeons, vous ne faites pas que lire à leur sujet ; vous les reconnaissez en vous. Ils ne sont pas seulement des forces extérieures — ils sont des extensions de votre propre essence, des fragments de l'intelligence divine qui habite votre esprit endormi. Chaque Aeon résonne dans votre âme comme un souvenir oublié, une note perdue de la symphonie originale qui compose votre véritable identité spirituelle.

Vous avez été conditionné à croire que votre foi devait être médiatisée, votre connexion avec le divin filtrée par des dogmes et des autorités extérieures. Ce mensonge, entretenu pendant des siècles, se dissoudra devant vos yeux au fur et à mesure que vous avancerez dans ces pages. Ici, chaque concept n'est pas seulement expliqué — il vous est rendu. Vous comprendrez que votre âme n'est pas une sujette, mais une héritière ; que votre quête spirituelle n'est pas une soumission, mais une récupération de ce qui vous a toujours appartenu : la connexion directe avec les sphères supérieures, avec les Aeons, et avec la plénitude divine dont vous faites partie intégrante.

Permettez-vous l'expérience transformatrice de vous souvenir. Plongez dans les racines oubliées du christianisme ésotérique, où le sacré est vivant et accessible, où les symboles sont des portails et où l'expérience mystique est la véritable clé de la rédemption. Ouvrez-vous à l'inconfort de réapprendre, de remettre en question les fondations sur lesquelles votre spiritualité a été construite, et laissez la mémoire des Aeons reconstruire votre chemin intérieur.

Ce que vous tenez maintenant n'est pas seulement un livre — c'est un miroir. En regardant à travers lui, vous verrez non seulement l'univers caché, mais aussi le visage oublié de votre propre âme. Vous êtes un fragment de la lumière primordiale, une particule vivante du Plérôme. Et les Aeons, ces maîtres silencieux, étendent leurs mains lumineuses pour vous guider vers la plénitude.

Que cette lecture ne soit pas seulement informative, mais initiatique. Qu'en franchissant le seuil de ces pages, vous ne fassiez pas qu'apprendre — mais que vous vous éveilliez. Car l'appel des Aeons résonne dans chaque âme qui ose se souvenir. Et maintenant, cet appel est le vôtre.

Luiz Santos Éditeur

Chapitre 1
Perspective au-delà du dogme

Le christianisme ésotérique se révèle comme une dimension profonde et transformatrice de la foi chrétienne, allant au-delà des interprétations conventionnelles et dogmatiques pour explorer les aspects les plus internes et symboliques de la tradition chrétienne. Alors que le christianisme institutionnalisé met souvent l'accent sur l'adhésion à des doctrines établies et à des pratiques rituelles accessibles à tous les fidèles, le christianisme ésotérique s'adresse à ceux qui recherchent une compréhension plus intime et mystique du sacré. Ce chemin ne prétend pas nier ou contredire la foi traditionnelle, mais l'élargir, en offrant une vision qui transcende la surface des écritures et des enseignements religieux pour atteindre leur essence la plus profonde. Ainsi, son approche ne repose pas exclusivement sur la croyance dogmatique, mais sur l'expérience directe du divin, sur l'interprétation symbolique des textes sacrés et sur la pratique spirituelle orientée vers l'éveil intérieur. La distinction entre exotérisme et ésotérisme dans le christianisme n'implique pas une division rigide ou exclusive, mais reflète différents niveaux de compréhension et d'approfondissement de la foi, permettant à ceux qui ressentent un appel à la recherche intérieure de trouver un chemin d'expansion et d'illumination spirituelle.

Dès les premiers temps de l'ère chrétienne, des courants ésotériques sont apparus comme partie intégrante du développement de la tradition chrétienne, se manifestant sous diverses formes et influences. Parmi les premiers chrétiens, il existait des communautés qui comprenaient le message du Christ non seulement comme un enseignement moral et éthique, mais comme une invitation à la transformation de la conscience et à l'union mystique avec Dieu. Des mouvements tels que le gnosticisme chrétien, les écrits hermétiques et les traditions mystiques monastiques ont été quelques-unes des expressions de cette quête de la connaissance occulte et de l'expérience spirituelle directe. L'approche ésotérique du christianisme a toujours été présente tout au long de l'histoire, même si elle a souvent été marginalisée ou réprimée par les institutions religieuses qui craignaient son accent sur l'autonomie spirituelle et la révélation personnelle. Cependant, son héritage reste vivant, influençant les penseurs, les mystiques et les chercheurs spirituels qui reconnaissent dans la foi chrétienne non seulement un système de croyances, mais un chemin de transformation intérieure et de réalisation divine.

Le christianisme ésotérique se fonde sur la conviction que les écritures et les enseignements du Christ contiennent de multiples niveaux de signification, qui vont au-delà de la lecture littérale et dogmatique. Les paraboles, les symboles et les événements relatés dans la Bible sont considérés comme des portails vers des vérités spirituelles cachées, accessibles à ceux qui développent le discernement et la sensibilité intérieure nécessaires pour les comprendre. La recherche ésotérique chrétienne ne se limite pas à l'étude intellectuelle, mais implique des pratiques contemplatives, la méditation, la prière profonde et des disciplines spirituelles qui aident à l'élévation de la conscience et à la connexion directe avec le divin. En adoptant cette perspective, le christianisme ésotérique renoue avec la tradition mystique du christianisme, offrant une approche qui met l'accent sur l'expérience personnelle et la vie spirituelle authentique. Dans un monde où la spiritualité se perd souvent dans les formalismes et les superficialités, cette tradition invite le chercheur à plonger dans les profondeurs de la foi, redécouvrant sa richesse, sa profondeur et son potentiel transformateur.

L'exotérisme, dans son sens le plus large, se réfère à la connaissance qui est publique, accessible à tous et destinée à la masse générale des fidèles. Dans le contexte du christianisme, l'exotérisme se manifeste dans les doctrines et les pratiques communes, dans les enseignements transmis ouvertement par les institutions religieuses et dans les interprétations littérales des écritures sacrées. L'accent est mis sur l'adhésion à un ensemble de croyances établies, la participation à des rituels communautaires et l'obéissance à des préceptes moraux prescrits. Le christianisme exotérique, par conséquent, privilégie la foi dogmatique, la conformité doctrinale et la conduite éthique dans les limites définies par la tradition religieuse établie.

En revanche, l'ésotérisme concerne la connaissance qui est considérée comme occulte, réservée à un cercle restreint d'initiés ou de chercheurs spirituels plus avancés. Cette connaissance ésotérique n'est pas nécessairement secrète au sens d'être interdite ou prohibitive, mais plutôt au sens où sa compréhension requiert un niveau de discernement, d'expérience et de préparation intérieure que tous ne possèdent pas ou ne cherchent pas à développer. Dans le christianisme, l'ésotérisme cherche à dévoiler les significations symboliques et allégoriques des écritures, à explorer les dimensions mystiques de l'expérience religieuse et à révéler les mystères sous-jacents à la foi chrétienne. Le christianisme ésotérique, par conséquent, met l'accent sur l'expérience mystique personnelle, la recherche intérieure de la vérité spirituelle et la transformation de la conscience par la connaissance et la pratique ésotérique.

Il est important de souligner que la distinction entre christianisme exotérique et ésotérique n'implique pas une hiérarchie de valeur ou une opposition irréconciliable. Les deux approches peuvent coexister et même se compléter dans le cheminement spirituel d'un individu. Le christianisme exotérique offre une structure fondamentale de croyances, de rituels et de valeurs qui peuvent servir de point de départ et de soutien communautaire pour beaucoup. Le christianisme ésotérique, quant à lui, offre un chemin d'approfondissement et d'intériorisation pour ceux qui ressentent un appel à explorer les dimensions les plus profondes et mystérieuses de la foi.

Le christianisme ésotérique ne se limite pas à une seule dénomination ou école de pensée. Tout au long de l'histoire du christianisme, divers courants ésotériques ont émergé, se manifestant sous différentes formes et expressions. Certains de ces courants mettent l'accent sur la tradition mystique occidentale, cherchant des liens avec la kabbale chrétienne, l'alchimie spirituelle et l'hermétisme. D'autres courants s'inspirent des sources gnostiques et des textes apocryphes, cherchant à récupérer une vision plus large et complexe de la cosmologie et de la sotériologie chrétienne. D'autres encore se concentrent sur la pratique de la prière contemplative, de la méditation et d'autres disciplines spirituelles qui visent à cultiver l'expérience directe de Dieu et l'union mystique avec le divin.

Indépendamment de leurs particularités, toutes les formes de christianisme ésotérique partagent certaines caractéristiques communes. Premièrement, toutes mettent l'accent sur l'importance de l'expérience personnelle et directe de Dieu, au-delà de l'adhésion aveugle à des dogmes ou de la simple observance de rituels extérieurs. La foi ésotérique n'est pas simplement une croyance intellectuelle ou une convention sociale, mais une quête vivante et transformatrice de la présence divine au plus profond de l'être.

Deuxièmement, le christianisme ésotérique valorise l'interprétation symbolique et allégorique des écritures. Les récits bibliques ne sont pas seulement considérés comme des récits historiques ou des commandements moraux, mais comme des véhicules d'enseignements spirituels plus profonds, qui peuvent être dévoilés par l'intuition, la contemplation et l'étude ésotérique. Les symboles et les métaphores présents dans les écritures sont considérés comme des clés pour accéder à des couches plus subtiles de signification et pour éveiller la compréhension spirituelle.

Troisièmement, le christianisme ésotérique reconnaît l'existence d'une dimension occulte ou mystérieuse dans la réalité, qui transcende le monde matériel et sensible. Cette dimension mystérieuse est considérée comme la source de la vie, de la conscience et de la spiritualité, et comme le véritable foyer de l'âme humaine. La quête ésotérique vise à dévoiler ce mystère et à reconnecter l'âme humaine à son origine divine.

Quatrièmement, le christianisme ésotérique incorpore souvent des pratiques spirituelles spécifiques, telles que la méditation, la prière contemplative, la visualisation créative et d'autres techniques qui aident à l'intériorisation, à l'expansion de la conscience et à l'expérience mystique. Ces pratiques sont considérées comme des outils pour affiner la perception, faire taire le mental rationnel et s'ouvrir à l'intuition et à l'inspiration divine.

Dans le contexte actuel, l'étude du christianisme ésotérique revêt une importance particulière. Dans un monde de plus en plus sécularisé et matérialiste, de nombreuses personnes ressentent une aspiration à une spiritualité plus profonde et significative, qui dépasse les formes superficielles et dogmatiques de la religion conventionnelle. Le christianisme ésotérique offre un chemin pour satisfaire cette aspiration, en proposant une vision plus riche, complexe et transformatrice de la foi chrétienne.

De plus, l'étude du christianisme ésotérique peut contribuer à un dialogue plus large et œcuménique entre différentes traditions spirituelles et religieuses. En explorant les principes universels sous-jacents aux diverses manifestations de l'ésotérisme chrétien, nous pouvons découvrir des points de convergence et de compréhension mutuelle avec d'autres courants de pensée mystique et ésotérique, tant à l'intérieur qu'à l'extérieur du christianisme.

Le christianisme ésotérique peut également jouer un rôle important dans la revitalisation de la foi chrétienne face aux défis contemporains. En récupérant les dimensions mystiques et contemplatives de la tradition chrétienne, l'ésotérisme peut offrir une réponse à la crise de sens et à la quête d'authenticité spirituelle qui marquent notre époque. En mettant l'accent sur l'expérience personnelle et la transformation intérieure, le christianisme ésotérique peut rendre la foi chrétienne plus pertinente, vibrante et significative pour les individus et pour la société dans son ensemble.

Explorer le christianisme ésotérique, c'est donc s'engager dans un voyage fascinant et transformateur vers le cœur de la foi chrétienne. C'est s'ouvrir à une perspective qui défie les frontières du dogme, qui valorise l'expérience plus que la croyance, et qui nous invite à découvrir la dimension mystérieuse et divine qui réside en notre propre intérieur et en toutes choses. En plongeant dans les profondeurs du christianisme ésotérique, nous pouvons redécouvrir la richesse et la profondeur du message chrétien d'une manière nouvelle et revigorante, trouvant un chemin de croissance spirituelle, de connaissance de soi et d'union avec le divin.

Chapitre 2
La Compréhension des Éons

La compréhension des Éons dans le contexte du christianisme ésotérique apparaît comme un élément central pour démêler le réseau complexe de relations entre la divinité primordiale, le cosmos et l'âme humaine. Loin de la vision simplifiée d'un Dieu unique et personnel qui agit directement sur la création et l'histoire, le christianisme ésotérique décrit une réalité multiforme, où le divin se déploie en une séquence d'émanations spirituelles qui structurent à la fois l'univers visible et les dimensions cachées de l'existence. Ces émanations, connues sous le nom d'Éons, forment une chaîne hiérarchique d'intelligences spirituelles qui, au fil de générations successives, soutiennent l'ordre cosmique et préservent la connexion entre la source transcendante et les sphères inférieures de la création. Chaque Éon exprime une qualité ou un attribut essentiel de la divinité suprême, comme la vérité, la sagesse, la lumière et l'amour, fonctionnant comme des canaux par lesquels la conscience divine imprègne et anime toutes choses. L'existence et la fonction de ces êtres ne sont pas des spéculations périphériques ou de simples abstractions théologiques ; elles constituent l'épine dorsale même de la cosmologie gnostique et de la quête spirituelle proposée par cette tradition, où l'ascension de l'âme et sa réintégration au divin passent nécessairement par la reconnaissance et l'interaction consciente avec ces puissances spirituelles.

Contrairement à la conception d'un Dieu créateur qui façonne le monde *ex nihilo* par un acte volontaire et souverain, le christianisme ésotérique décrit la manifestation de l'univers comme un processus de déploiement interne de la divinité elle-même. Dans ce modèle, le Plérôme – la plénitude divine – abrite tous les Éons, des êtres qui émergent progressivement de la source originelle, chacun reflétant un aspect spécifique de l'infini divin. Ce processus d'émanation, loin d'être arbitraire, obéit à un ordre intrinsèque, où chaque nouvel Éon apparaît comme la conséquence de la relation dynamique entre ceux qui l'ont précédé. Cet enchaînement d'intelligences spirituelles forme une chaîne ininterrompue entre l'ineffable et le manifeste, entre ce qui transcende toute forme et ce qui devient perceptible aux sens et à l'esprit. Cette hiérarchie spirituelle n'est pas une simple description mythologique, mais une carte symbolique qui guide le chercheur sur le chemin de l'ascension spirituelle. En comprenant et en reconnaissant la présence des Éons, l'adepte commence à voir la réalité non pas comme un champ de forces chaotiques ou déconnectées, mais comme un tissu vivant d'intelligences spirituelles qui soutiennent l'ordre universel et participent activement au drame cosmique de la rédemption et du retour à l'unité primordiale.

La fonction des Éons ne se limite pas à la préservation de l'ordre cosmique ; ils sont aussi les gardiens de la connaissance spirituelle et les médiateurs entre l'humanité et le divin. Chaque Éon, en émanant de la source, porte en lui une parcelle de la Gnose primordiale – la connaissance profonde et directe de la véritable nature de l'être et de la réalité. Cette connaissance, cependant, est obscurcie par l'émergence du monde matériel, un domaine séparé du Plérôme, marqué par les imperfections et les illusions. La tradition gnostique dépeint souvent cet éloignement comme le résultat d'une faille cosmique, associée à la figure de Sophia, dont l'émanation déséquilibrée donne naissance au Démiurge – le créateur imparfait du monde physique. Néanmoins, même dans ce contexte d'éloignement et d'oubli, les Éons restent actifs, jetant des lumières sur le chemin caché qui conduit l'âme à son véritable foyer. Tout au long des textes apocryphes et des traités gnostiques, le Christ est souvent décrit comme un Éon rédempteur, celui qui descend dans les régions inférieures non seulement pour enseigner, mais pour réveiller, au sein de chaque être humain, la mémoire endormie de son origine spirituelle. Ainsi, comprendre les Éons et établir un lien conscient avec eux représente bien plus qu'un exercice intellectuel ; c'est un acte de reconnexion ontologique, une reprise du fil perdu qui unit l'âme au divin. Dans ce processus, la cosmologie ésotérique se transforme en spiritualité pratique, où connaître, c'est se transformer, et se souvenir, c'est se libérer.

Le concept d'Éons est largement documenté dans les textes gnostiques découverts dans la bibliothèque de Nag Hammadi et dans les Évangiles Apocryphes, sources qui révèlent une vision alternative du christianisme primitif. Ces écrits décrivent non seulement la généalogie des Éons et leur fonction dans l'ordre universel, mais soulignent également la scission entre le monde matériel et le monde spirituel. Selon cette tradition, l'univers physique n'est pas la création directe de la divinité suprême, mais le résultat d'un éloignement ou d'une chute de l'un des Éons, souvent identifié à Sophia (Sagesse). Cette erreur cosmique conduit à l'émergence du Démiurge, une entité imparfaite qui façonne le monde matériel et lui impose un voile d'ignorance et d'illusion. À partir de cette cosmologie, la condition humaine est vue comme un état d'emprisonnement spirituel, où la matière et les limitations imposées par le temps et l'espace éloignent l'âme de sa véritable origine. Ainsi, la compréhension des Éons devient fondamentale pour le voyage de la rédemption, car ce sont ces entités qui, à travers l'émanation du Christ comme Éon rédempteur, offrent à l'humanité le chemin pour transcender le monde physique et retourner au Plérôme.

L'étude des Éons dans le christianisme ésotérique ne se limite pas à la spéculation théologique, mais a des implications directes sur la spiritualité et la pratique de la quête intérieure. La révélation de ces êtres comme intermédiaires entre l'humain et le divin suggère un modèle d'ascension spirituelle basé sur l'éveil de la conscience et la réintégration avec les principes supérieurs de l'existence. Différentes traditions gnostiques proposent diverses méthodes pour atteindre cette réintégration, y compris des rituels d'initiation, des pratiques contemplatives et le décodage symbolique des écritures. En essence, la connaissance des Éons n'est pas seulement une clé pour comprendre la structure du cosmos, mais une voie vers la libération personnelle, où le chercheur, en reconnaissant son origine divine, rompt avec les chaînes de l'ignorance et se reconnecte avec la totalité spirituelle. En mettant cette perspective en lumière, le christianisme ésotérique élargit la compréhension du sacré, offrant un chemin qui va au-delà de la foi conventionnelle et pénètre dans les domaines de la connaissance mystique et de la transformation intérieure.

Initialement, il est fondamental de définir ce que l'on entend par Évangiles Apocryphes. Le terme "apocryphe", dérivé du grec "apokryphos" (caché, secret), désignait historiquement des écrits d'origine religieuse dont l'authenticité ou la canonicité était remise en question par les autorités ecclésiastiques. Dans le contexte du christianisme primitif, divers textes ont été produits qui narraient la vie de Jésus, ses enseignements et les événements liés aux apôtres, parallèlement aux Évangiles canoniques de Matthieu, Marc, Luc et Jean. Ces textes, appelés Évangiles Apocryphes, couvrent une variété de genres littéraires et de perspectives théologiques, reflétant la diversité et l'effervescence de la pensée religieuse des premiers siècles de l'ère chrétienne.

Il est important de souligner que la désignation d'"apocryphe" n'implique pas nécessairement que ces évangiles soient faux, hérétiques ou dépourvus de valeur spirituelle. Dans de nombreux cas, l'exclusion de ces textes du canon biblique a été motivée par des critères historiques, théologiques et politiques complexes, liés à la consolidation du pouvoir ecclésiastique et à la définition de l'orthodoxie doctrinale. Cependant, les Évangiles Apocryphes préservent des traditions et des visions qui, bien que n'ayant pas été incorporées au canon officiel, offrent des aperçus précieux sur l'histoire du christianisme primitif et l'évolution des idées religieuses de l'époque. Parmi la vaste gamme d'évangiles apocryphes, certains se distinguent par leur pertinence pour l'étude des Éons, comme l'Évangile de Thomas, l'Évangile de Philippe, le Protévangile de Jacques et l'Évangile de Pierre.

La découverte de la bibliothèque de Nag Hammadi, en 1945, a représenté un jalon fondamental pour la compréhension du christianisme ésotérique et, en particulier, pour l'étude des Éons. Nag Hammadi est le nom d'une localité de Haute-Égypte, où un paysan a trouvé, par hasard, un ensemble de codex anciens enterrés dans un vase en argile. Ces codex, écrits en langue copte, contenaient une collection de textes de nature religieuse et philosophique, datés des IIIe et IVe siècles après J.-C. La bibliothèque de Nag Hammadi comprend une variété d'œuvres, couvrant des évangiles, des actes, des épîtres, des apocalypses et des traités, dont beaucoup appartiennent à la tradition gnostique.

L'importance de la découverte de Nag Hammadi réside dans le fait que ces textes offrent un accès direct à une forme de christianisme primitif qui avait été largement marginalisée et obscurcie par l'histoire. Avant Nag Hammadi, la connaissance du gnosticisme était principalement dérivée de récits polémiques et fragmentaires d'auteurs chrétiens orthodoxes, qui souvent déformaient et caricaturaient les idées gnostiques pour les réfuter. Les codex de Nag Hammadi, quant à eux, fournissent les textes gnostiques eux-mêmes, permettant aux chercheurs et aux chercheurs spirituels d'accéder aux sources primaires et de comprendre le gnosticisme dans ses propres termes.

Au sein de la bibliothèque de Nag Hammadi, divers textes se distinguent par leur pertinence pour l'étude des Éons. L'Apocryphe de Jean, par exemple, présente une cosmologie gnostique détaillée, décrivant l'émanation des Éons à partir de la Monade divine, la création du cosmos matériel par le Démiurge imparfait et le rôle des Éons dans la rédemption de l'humanité. L'Évangile de Vérité, un autre texte fondamental de Nag Hammadi, offre une méditation poétique et profonde sur l'Éon Christ comme révélateur de la Gnose et guide pour le retour au Plérôme, la demeure divine des Éons. Le Traité Tripartite explore la hiérarchie et les fonctions des Éons de manière systématique, détaillant leurs relations et leurs contributions à l'ordre cosmique. L'Évangile de Philippe, quant à lui, présente des réflexions sur les sacrements et les pratiques gnostiques, utilisant un langage symbolique riche en références aux Éons.

En étudiant les Évangiles Apocryphes et les textes de Nag Hammadi, il est crucial d'aborder ces sources avec un regard attentif et un discernement critique. Il est important de reconnaître que ces textes reflètent une diversité de perspectives et d'interprétations, et que tous ne présentent pas une vision univoque ou cohérente sur les Éons. Certains textes mettent l'accent sur la nature transcendante et ineffable des Éons, tandis que d'autres se concentrent sur leurs fonctions cosmiques et sotériologiques. Certains textes décrivent des hiérarchies complexes d'Éons, tandis que d'autres présentent des listes plus simples ou se concentrent sur des Éons spécifiques.

Malgré cette diversité, il est possible d'identifier certains thèmes et idées récurrents dans les textes apocryphes et de Nag Hammadi en relation avec les Éons. En général, les Éons sont décrits comme des émanations de la Divinité Suprême, des intelligences cosmiques et des forces organisatrices qui participent à la création et au maintien du cosmos. Ils sont considérés comme des intermédiaires entre le monde transcendant et le monde matériel, agissant comme des agents de la volonté divine et des médiateurs de la révélation et de la rédemption. Le Christ, dans de nombreux textes gnostiques, est identifié comme un Éon proéminent, envoyé dans le monde matériel pour éveiller l'humanité à la Gnose et la guider vers son origine divine.

Par conséquent, les Évangiles Apocryphes et la bibliothèque de Nag Hammadi représentent des sources primaires indispensables pour la compréhension du concept des Éons au sein du christianisme ésotérique.

Ces textes nous invitent à explorer une vision plus large et plus profonde de la foi chrétienne, qui reconnaît l'existence d'une hiérarchie d'êtres spirituels qui participent à l'organisation du cosmos et à l'évolution de l'humanité. En plongeant dans ces sources, nous pouvons enrichir notre compréhension de la cosmologie, de la sotériologie et de la spiritualité chrétienne, et découvrir des dimensions cachées et fascinantes de la tradition religieuse occidentale. Le voyage à travers les Évangiles Apocryphes et de Nag Hammadi est une invitation à élargir notre vision du monde et à redécouvrir la richesse et la complexité de l'héritage chrétien ésotérique.

Chapitre 3
Le Champ des Forces Divines

La cosmologie gnostique révèle l'univers comme un vaste et complexe champ d'interactions spirituelles, où des forces de nature divine et des manifestations d'ordre inférieur coexistent dans une tension dynamique, façonnant à la fois la structure cachée de la réalité et l'expérience humaine dans le monde matériel. Cette vision offre une compréhension profondément différenciée du cosmos, en présentant l'existence non pas comme une création linéaire et ordonnée par un Dieu personnel et souverain, mais comme le résultat d'un processus continu d'émanations spirituelles, où chaque niveau de réalité émerge comme un déploiement d'un principe antérieur, progressivement plus éloigné de la source suprême. Ce processus d'émanation, loin d'être une simple séquence chronologique d'événements, reflète une architecture cosmique où chaque couche d'existence, du Plérôme lumineux au monde matériel dense, porte en elle des vestiges de l'essence divine, bien que voilés par des couches d'oubli, de limitation et de distorsion. Dans ce champ vibrant de forces spirituelles, les Éons représentent des puissances actives, des entités qui canalisent des aspects spécifiques de la divinité primordiale, se configurant comme des archétypes vivants qui soutiennent l'ordre cosmique, tandis que le Démiurge et ses hordes représentent des forces de fermeture, d'emprisonnement et d'illusion, qui cristallisent la matière et obscurcissent la mémoire de la véritable origine spirituelle de l'humanité.

L'interaction entre ces forces n'est pas un conflit manichéen de bien contre mal dans sa conception simpliste, mais une tension structurelle qui imprègne la totalité de l'existence et se reflète directement dans la condition humaine. L'être humain, dans la perspective gnostique, est l'incarnation de cette tension cosmique, car il porte dans sa constitution une étincelle divine — la portion la plus intime et inaliénable du Plérôme — emprisonnée dans un corps matériel façonné par les forces inférieures du Démiurge. L'existence humaine, par conséquent, transcende la simple expérience sensorielle et psychologique ; elle est la mise en scène d'un drame spirituel, où chaque choix, chaque éveil, chaque perception élargie de sa propre nature reflète une bataille invisible entre les forces lumineuses du Plérôme et les forces limitatrices de la matière. Dans ce scénario, le champ des forces divines n'est pas seulement une toile de fond cosmique, mais une réalité interne et externe qui s'entrelace avec le destin individuel de chaque âme, rendant la quête spirituelle de connaissance et de libération non seulement une possibilité philosophique, mais une nécessité existentielle pour restaurer l'unité primordiale rompue.

En même temps, ce champ de forces divines opère comme une structure pédagogique du cosmos lui-même, où chaque aspect de la réalité — des phénomènes naturels aux intuitions les plus profondes de l'âme — peut servir de symbole ou de signe d'un processus plus vaste de retour au divin. Les forces spirituelles lumineuses, bien qu'obscurcies et fragmentées dans le monde matériel, ne cessent jamais d'émettre des signaux et des invitations à l'âme humaine, l'encourageant à se souvenir de sa véritable origine et à se reconnaître comme héritière légitime du Plérôme. C'est pourquoi l'éveil spirituel n'est pas un événement externe, causé par une intervention surnaturelle arbitraire, mais un déploiement interne, un alignement progressif entre la conscience individuelle et le flux divin qui imprègne le cosmos. Dans ce contexte, la Gnose apparaît non seulement comme une connaissance ésotérique réservée à quelques-uns, mais comme la mémoire vivante de l'âme sur sa propre identité divine, un souvenir restauré qui dissout l'illusion de la séparation et révèle l'univers entier comme un champ sacré de réconciliation, où lumière et ombre, esprit et matière, conscience et oubli, participent à un seul et grandiose mouvement de retour à l'unité perdue.

Cette conception cosmique met l'accent sur la dualité fondamentale entre esprit et matière, où la réalité matérielle est perçue comme un reflet déformé de la véritable essence spirituelle. La matière, souvent associée au Démiurge, est décrite comme un domaine d'illusion et d'emprisonnement, un champ où l'étincelle divine présente dans l'humanité demeure cachée sous des couches d'ignorance. Cependant, le monde matériel n'est pas complètement isolé du divin ; il est imprégné de forces spirituelles qui peuvent servir de ponts vers la rédemption. Les Éons, en ce sens, fonctionnent comme des intermédiaires entre l'humanité et la plénitude divine, opérant comme des canaux par lesquels la conscience peut s'éveiller à sa véritable origine. Cette structure cosmique suggère que le salut ne se produit pas par le biais de croyances dogmatiques ou d'obéissance à des normes extérieures, mais plutôt par la reconnaissance et l'activation de l'étincelle divine intérieure, un processus qui conduit au retour à la source primordiale de l'existence.

Dans cette vision, le champ des forces divines ne se limite pas à une lutte entre le bien et le mal en termes moraux simplistes, mais représente un voyage de réintégration et de connaissance de soi. L'humanité, en reconnaissant sa nature spirituelle, commence à jouer un rôle actif dans la recomposition de l'ordre cosmique, transcendant l'illusion de la séparation et restaurant sa connexion avec le divin. Ce processus est facilité par la Gnose, la connaissance transcendantale qui permet à l'âme de naviguer entre les forces spirituelles qui façonnent la réalité, discernant ce qui conduit à la libération et ce qui maintient l'être emprisonné dans la matérialité. Ainsi, la cosmologie gnostique offre une perspective profonde et transformatrice sur l'univers et le rôle de l'être humain en son sein, soulignant l'importance de l'éveil spirituel comme chemin vers la véritable libération.

Au cœur de la cosmologie gnostique réside le concept de la Divinité Suprême, souvent désignée comme la Monade, le Père Ineffable, ou l'Abîme. Cette Divinité primordiale est conçue comme absolument transcendante, inaccessible et inconnaissable pour l'esprit humain. Elle est la source ultime de toute existence, le principe originel de tout ce qui est, mais qui demeure au-delà de toute description, définition ou limitation. La Monade n'est pas un être personnel ou un créateur au sens conventionnel, mais plutôt une réalité fondamentale, une plénitude divine qui se manifeste de manière graduelle et hiérarchique, donnant naissance à toutes les choses.

À partir de la Monade, émane un processus continu et dynamique de manifestation, connu sous le nom d'émanation. Dans ce processus, la Divinité Suprême irradie d'elle-même une série d'êtres spirituels, progressivement moins purs et moins proches de la source originelle. Ces émanations sont les Éons, les intelligences cosmiques et les forces divines qui peuplent le Plérôme, la région spirituelle de plénitude et de lumière qui entoure la Divinité Suprême. Les Éons, bien que distincts de la Monade, participent de sa nature divine et agissent comme intermédiaires entre le monde transcendant et les sphères inférieures de la réalité. L'émanation n'est pas un acte de création au sens de produire quelque chose à partir de rien, mais plutôt une expansion de la Divinité elle-même, une manifestation graduelle de sa plénitude et de sa potentialité.

Un principe central de la cosmologie gnostique est la dualité fondamentale entre esprit et matière, lumière et ténèbres, le transcendant et l'immanent. Cette dualité n'est pas seulement métaphysique, mais aussi ontologique et cosmologique. Le monde spirituel, le Plérôme, est conçu comme le royaume de la lumière, de la vérité, de la perfection et de l'immutabilité, habité par les Éons et la Divinité Suprême. En contrepartie, le monde matériel est vu comme le royaume de l'obscurité, de l'illusion, de l'imperfection et du changement, un domaine créé par une entité inférieure et imparfaite, le Démiurge.

Le Démiurge, figure proéminente dans la cosmologie gnostique, n'est pas la Divinité Suprême, mais plutôt une émanation inférieure, souvent identifiée au Dieu de l'Ancien Testament dans certaines branches gnostiques. Le Démiurge, par ignorance, arrogance ou un écart par rapport au plan divin originel, aurait créé le monde matériel, emprisonnant l'étincelle divine, l'esprit, dans la matière dense et illusoire. La création du monde matériel est, par conséquent, vue comme une erreur cosmique, une chute de la perfection originelle vers l'imperfection et la souffrance. Le Démiurge, bien qu'il soit le créateur du monde matériel, est considéré comme ignorant de la véritable Divinité Suprême et des dimensions spirituelles supérieures de la réalité. Il gouverne le monde matériel avec des lois restrictives et punitives, maintenant l'humanité dans un état d'ignorance et de captivité spirituelle.

Au sein de cette cosmologie dualiste, l'humanité occupe une position paradoxale et complexe. L'être humain est conçu comme composé de deux natures distinctes et conflictuelles : un corps matériel, appartenant au monde du Démiurge et sujet à la corruption et à la mortalité, et une étincelle divine, l'esprit ou l'âme, qui provient du Plérôme et aspire au retour à son origine divine. Cette étincelle divine, souvent appelée "pneuma" en grec, est la véritable essence de l'être humain, sa liaison avec le monde spirituel et sa capacité d'atteindre la Gnose, la connaissance salvatrice.

La cosmologie gnostique, par conséquent, n'est pas seulement une description de la structure de l'univers, mais aussi un récit de la condition humaine et du chemin du salut. Le monde matériel, créé par le Démiurge, est vu comme un lieu de souffrance, d'ignorance et d'exil spirituel. La mission de l'humanité, ou du moins de ceux qui possèdent l'étincelle divine éveillée, est de chercher la Gnose, la connaissance révélatrice qui libère l'esprit de la prison de la matière et le conduit de retour au Plérôme, à l'union avec la Divinité Suprême. La Gnose n'est pas simplement une connaissance intellectuelle, mais plutôt une expérience transformatrice et intuitive, une compréhension profonde de sa propre nature divine et du véritable destin de l'âme.

Pour atteindre la Gnose, la cosmologie gnostique postule la nécessité d'un Sauveur, un messager divin envoyé du Plérôme pour éveiller l'humanité à sa véritable condition spirituelle et révéler le chemin de la libération. Christ, dans la perspective gnostique, est souvent identifié comme ce Sauveur, un Éon proéminent qui est descendu dans le monde matériel pour transmettre la Gnose et offrir la possibilité de rédemption. Le message du Christ, dans le contexte gnostique, ne se centre pas tant sur l'expiation des péchés à travers la souffrance et la mort, mais plutôt sur la révélation de la connaissance salvatrice et sur l'éveil de la conscience spirituelle.

La cosmologie gnostique, avec sa dualité radicale et sa vision pessimiste du monde matériel, peut sembler lointaine et même étrange pour la mentalité contemporaine. Cependant, il est important de reconnaître que cette cosmologie reflète une profonde préoccupation pour la souffrance humaine, l'aliénation spirituelle et la quête d'un sens transcendant dans la vie. La vision gnostique de l'univers comme un champ de forces divines, en constante tension entre la lumière et les ténèbres, résonne avec l'expérience humaine de conflit intérieur, de quête de sens et d'aspiration à la transcendance.

De plus, la cosmologie gnostique offre une critique implicite des formes de religion qui mettent excessivement l'accent sur le monde matériel et l'autorité extérieure, au détriment de l'expérience intérieure et de la connaissance directe de Dieu. En valorisant la Gnose, l'expérience mystique et la quête individuelle de la vérité spirituelle, le gnosticisme propose un chemin de religiosité plus intime, transformateur et libérateur.

La cosmologie gnostique, par conséquent, représente un système de pensée complexe et multiforme, qui a influencé diverses courants spirituels au cours de l'histoire et qui continue de susciter l'intérêt et la réflexion dans le monde contemporain. En explorant les principes fondamentaux de la cosmologie gnostique, nous pouvons élargir notre compréhension de l'histoire du christianisme, de la diversité de la pensée religieuse et de la quête humaine pérenne de sens, de transcendance et de libération spirituelle. La vision de l'univers comme un champ de forces divines, proposée par la cosmologie gnostique, nous invite à repenser notre relation avec le monde matériel, notre identité spirituelle et notre destin ultime.

Chapitre 4
Intelligences Cosmiques

La compréhension des intelligences cosmiques dans le contexte du christianisme ésotérique révèle un réseau sophistiqué et vivant de consciences spirituelles qui soutiennent et imprègnent la totalité du cosmos, intégrant le visible et l'invisible dans une tapisserie dynamique d'émanations divines. Chacune de ces intelligences, connues sous le nom d'Éons, émerge de la substance même de la Divinité Suprême, non pas comme des entités créées extérieurement, mais comme des extensions directes et vivantes de la plénitude divine. Cette conception dissout l'idée d'une séparation rigide entre Créateur et création, la remplaçant par une vision où l'univers est une expression fluide et hiérarchique de l'essence divine elle-même en constante auto-expression.

Dans ce modèle, l'univers est plus qu'un simple espace physique ou une arène d'événements ; c'est un organisme spirituel, où chaque niveau d'existence reflète une combinaison unique de lumière, de sagesse et de dessein, filtrés à travers les multiples couches d'intelligences qui médient la relation entre l'ineffable et le manifeste. Ces intelligences cosmiques ne structurent pas seulement l'ordre céleste, mais participent directement au flux de conscience qui imprègne chaque être, connectant l'esprit humain aux dimensions supérieures et guidant l'éveil de l'étincelle divine présente au plus profond de chaque âme.

Tout au long des traditions gnostiques et ésotériques, les Éons sont compris non pas comme de simples symboles théologiques ou des abstractions philosophiques, mais comme des puissances réelles, dotées d'intelligence, de volonté et d'une fonction spécifique dans le drame cosmique de la chute et de la rédemption. Ils forment des chaînes d'émanation, où chaque Éon porte et reflète un attribut spécifique de la Divinité Suprême — que ce soit la sagesse, la vérité, l'amour, le pouvoir ou la lumière — et, en même temps, collabore avec les autres Éons pour maintenir la cohésion de la structure divine originelle. Cette interdépendance cosmique crée un champ de forces intelligentes qui non seulement soutient l'harmonie du Plérôme, mais sert également de voie de communication entre la source divine et les âmes qui, même emprisonnées dans les couches inférieures de la matière, conservent en elles l'écho de ces puissances spirituelles. Cette communication, cependant, n'est ni automatique ni garantie ; elle dépend de la syntonie intérieure de l'âme humaine, qui doit apprendre à reconnaître les échos du Plérôme, s'accordant progressivement aux fréquences lumineuses des intelligences cosmiques, éveillant ainsi sa mémoire ancestrale et son aspiration naturelle au retour à l'origine divine.

Ces intelligences cosmiques, par conséquent, ne sont pas des figures lointaines ou inaccessibles ; elles sont l'expression même de l'intelligence divine dans son opération continue au cœur du cosmos et de l'âme. Chaque Éon est une porte vivante qui relie le fini à l'infini, un miroir cosmique où le divin se contemple lui-même dans ses multiples manifestations. En ce sens, le voyage spirituel du chercheur gnostique est, par essence, un voyage de reconnaissance et d'alignement avec ces puissances primordiales, qui habitent déjà son propre être à l'état latent. En comprenant la nature et la fonction des Éons, le chercheur découvre que la structure de l'univers et la structure de sa propre âme sont des reflets du même ordre spirituel, et que s'éveiller à cette réalité, c'est réactiver le lien perdu entre son essence la plus intime et le champ vivant des intelligences cosmiques. Ainsi, la connaissance des intelligences cosmiques dans le christianisme ésotérique n'est pas seulement une spéculation métaphysique ; c'est la clé de la réintégration de l'âme dans le flux divin originel, rétablissant l'harmonie perdue entre l'humain et le sacré.

Dans ce paradigme, la manifestation des Éons se produit par un processus d'émanation, où chaque intelligence cosmique émerge comme un reflet de la plénitude divine et porte en elle des aspects spécifiques de la sagesse universelle. Cette structure non seulement confère de l'ordre à l'univers, mais établit également un lien entre le divin et l'humanité, permettant à la connaissance supérieure d'être accessible à ceux qui cherchent à comprendre leur vraie nature. Dans le Plérôme, la demeure des entités spirituelles pures, les Éons forment un système harmonieux de lumière et de connaissance, interagissant entre eux pour maintenir l'équilibre de la création. Cependant, lorsque cet équilibre est perturbé — comme c'est le cas lors de la chute de Sophia, la Sagesse — le cosmos connaît un éloignement de la source originelle, donnant naissance à l'illusion du monde matériel et à la nécessité de la rédemption par la Gnose.

La relation entre les Éons et l'humanité transcende le simple concept d'adoration ou de dévotion. Dans le contexte ésotérique, ces intelligences cosmiques ne gouvernent pas seulement les plans supérieurs, mais agissent également comme des guides spirituels, éveillant l'étincelle divine présente en chaque individu. La quête de la Gnose, par conséquent, implique la reconnexion avec ces principes universels, permettant à la conscience humaine de transcender les limitations imposées par le monde matériel et de retourner à l'état d'unité avec le divin. Ce processus ne dépend pas exclusivement de la foi ou de la croyance, mais plutôt de l'expérience directe et de la connaissance intuitive, qui conduisent à la reconnaissance de la vérité spirituelle. De cette manière, l'exploration des intelligences cosmiques au sein du christianisme ésotérique non seulement élargit la compréhension de la structure de l'univers, mais révèle également des chemins pour la transformation intérieure et la libération de l'âme.

Dans le contexte philosophique et religieux de l'Antiquité tardive, le terme "aion" était fréquemment utilisé pour désigner des périodes cosmiques de grande extension ou les ères du monde elles-mêmes. Dans la pensée platonicienne et néoplatonicienne, "aion" pouvait se référer à l'éternité intemporelle, par opposition au temps linéaire et mutable du monde sensible. Cette association avec l'éternité et avec des dimensions temporelles élevées se reflète dans l'utilisation du terme "Éon" pour désigner des êtres spirituels qui habitent les sphères supérieures de la réalité, existant dans un plan d'éternité et de transcendance.

Au sein du système gnostique, les Éons sont compris comme des émanations de la Divinité Suprême, la Monade primordiale et incognoscible qui réside au sommet de la hiérarchie spirituelle. En tant qu'émanations, les Éons ne sont pas des créations au sens traditionnel, mais plutôt des expansions de l'essence divine elle-même, des irradiations de la lumière et de la plénitude de la Monade. Ce processus d'émanation est souvent décrit comme une cascade de manifestation, où la Divinité Suprême, dans sa surabondance d'être, génère une série d'êtres spirituels qui participent, à des degrés divers, de sa nature divine. Les Éons, par conséquent, partagent la nature de la Monade, mais possèdent également leur individualité et leurs fonctions spécifiques au sein de l'ordre cosmique.

La nature des Éons est essentiellement spirituelle et lumineuse. Ils habitent le Plérôme, la région de la plénitude divine, un royaume de lumière, de vérité et de perfection qui s'étend au-delà du monde matériel et chaotique créé par le Démiurge. Les Éons sont décrits comme des intelligences cosmiques, des archétypes divins et des forces organisatrices qui participent activement à la structure et au dynamisme du cosmos spirituel. Ils ne sont pas des entités statiques ou passives, mais plutôt des forces vivantes et dynamiques, imprégnées de conscience, de volonté et de pouvoir divins.

Les caractéristiques des Éons peuvent être comprises dans diverses dimensions. Premièrement, ils sont des êtres de lumière et de sagesse, émanant la luminosité de la Divinité Suprême et possédant une connaissance profonde des lois et des mystères de l'univers spirituel. Ils sont détenteurs de la Gnose, la connaissance salvatrice qui libère l'âme de l'ignorance et de l'illusion du monde matériel. Deuxièmement, les Éons sont des forces organisatrices et harmonisatrices du cosmos. Ils agissent pour maintenir l'ordre divin, équilibrer les énergies cosmiques et garantir la cohésion et l'harmonie du Plérôme. Ils jouent également un rôle dans l'organisation du monde matériel, bien que de manière indirecte et médiatisée, cherchant à contenir le chaos et l'imperfection inhérents à la création du Démiurge. Troisièmement, les Éons sont des intermédiaires entre la Divinité Suprême et l'humanité. Ils agissent comme des messagers divins, révélant la Gnose aux êtres humains éveillés et offrant aide et orientation sur le chemin de l'ascension spirituelle. Christ, dans la perspective gnostique, est souvent identifié comme un Éon proéminent, envoyé dans le monde matériel avec la mission de révéler la Gnose et de guider l'humanité vers son origine divine.

Les premières mentions des Éons dans les textes de Nag Hammadi et dans les Évangiles Apocryphes révèlent l'importance centrale de ce concept dans la pensée gnostique. Dans l'Apocryphon de Jean, l'un des textes les plus influents de Nag Hammadi, la cosmogonie gnostique est narrée en détail, décrivant l'émanation des Éons à partir de la Monade, la création du Plérôme et la chute de Sophia, un Éon féminin qui joue un rôle crucial dans la cosmogonie gnostique. Dans ce texte, les Éons sont présentés comme des êtres glorieux et radiants, chacun avec un nom et une fonction spécifique au sein de la hiérarchie divine. Parmi les Éons mentionnés dans l'Apocryphon de Jean, on distingue Barbelo, un Éon féminin primordial associé à la Monade, Christ, l'Éon sauveur, et Sophia, la sagesse divine qui s'est détournée du Plérôme.

Dans l'Évangile de la Vérité, un autre texte fondamental de Nag Hammadi, la figure de l'Éon Christ est centrale. Cet évangile présente Christ comme le révélateur de la Gnose, le messager de la vérité qui est venu éveiller l'humanité à sa véritable identité spirituelle et la guider vers le Père. Bien que le terme "Éon" ne soit pas explicitement utilisé pour décrire Christ dans l'Évangile de la Vérité, le langage et les thèmes du texte le situent clairement dans le contexte de la cosmologie éonique. Christ est présenté comme une émanation du Père, un être de lumière et de vérité qui transcende le monde matériel et qui offre le salut par la connaissance et l'amour.

Dans les Évangiles Apocryphes, bien que le concept d'Éons ne soit pas toujours aussi explicitement développé que dans les textes de Nag Hammadi, il est possible de trouver des références et des idées qui s'alignent sur la cosmologie éonique. L'Évangile de Thomas, par exemple, avec sa collection de dits secrets de Jésus, suggère une vision du monde où la réalité spirituelle est primordiale et le monde matériel est vu comme transitoire et illusoire. Bien que les Éons ne soient pas nommés directement, les enseignements de Jésus dans l'Évangile de Thomas pointent fréquemment vers une dimension transcendante et vers l'importance de l'auto-connaissance et de la recherche intérieure pour atteindre la vérité.

L'introduction aux Éons, par conséquent, nous ouvre un vaste champ d'exploration au sein du christianisme ésotérique. Comprendre la nature et les fonctions des Éons est fondamental pour entrer dans la cosmologie gnostique, dans sa vision de la création, de la rédemption et du destin humain. Les Éons, en tant qu'intelligences cosmiques et forces organisatrices, représentent une dimension de la réalité spirituelle qui transcende notre perception quotidienne et qui nous invite à élargir notre compréhension du divin et du cosmos. Le voyage à travers le monde des Éons est un voyage vers le mystère, la sagesse et la lumière qui résident au cœur du christianisme ésotérique.

Chapitre 5
Contexte Religieux et Philosophique

La formulation du concept d'Éons au sein du christianisme ésotérique et de la cosmologie gnostique reflète une synthèse sophistiquée et novatrice, enracinée dans un panorama religieux et philosophique très dynamique, caractéristique de l'Antiquité tardive. Cette période, marquée par la fusion de traditions culturelles, philosophiques et spirituelles, a fourni un terrain fertile pour la construction d'une vision cosmologique qui cherchait à concilier la transcendance absolue d'un principe divin ineffable avec la multiplicité des forces agissant dans la structure et le maintien de l'univers. Les Éons émergent comme des réponses à ce besoin conceptuel : des intelligences cosmiques qui, à la fois, préservent l'unité essentielle de la divinité et expliquent la diversité des manifestations spirituelles et matérielles. Cette proposition n'est pas née isolément, mais a dialogué intensément avec le platonisme, le néoplatonisme, le judaïsme mystique et les religions à mystères, s'appropriant des symboles, des archétypes et des schémas hiérarchiques déjà présents dans l'imaginaire religieux et philosophique de l'époque.

Le platonisme, avec sa division entre le monde sensible et le monde intelligible, a fourni la matrice conceptuelle pour la compréhension d'une réalité supérieure habitée par des formes éternelles et parfaites, dont les reflets imparfaits composent l'univers matériel. Le gnosticisme, en absorbant cette division, y a ajouté une dimension spirituelle plus dramatique, interprétant le monde matériel non seulement comme une copie imparfaite, mais comme une rupture tragique, un éloignement de la plénitude divine. Dans ce contexte, les Éons assument un rôle central en tant que médiateurs entre le Plérôme — la plénitude spirituelle habitée par des émanations lumineuses — et le cosmos matériel, déformé et marqué par l'oubli. Chaque Éon incarne une qualité divine spécifique et participe activement à l'ordre spirituel qui soutient l'univers. Le néoplatonisme, à son tour, en développant un réseau d'émanations successives à partir d'un Un transcendant et ineffable, offre un modèle d'explication dynamique qui s'intègre parfaitement à la vision gnostique : de la source primordiale s'écoulent des intelligences cosmiques, chacune un peu plus éloignée de la perfection originale, jusqu'au point où la matière et le temps émergent comme les extrêmes de la séparation ontologique.

Ce dialogue conceptuel, cependant, ne se limite pas à l'univers de la philosophie grecque. Le judaïsme et le christianisme primitif ont également fourni des éléments essentiels à la construction du concept d'Éons, notamment à travers la tradition apocalyptique et l'angélologie. La croyance en des hiérarchies célestes, composées d'anges et d'archanges, qui servent d'intermédiaires entre Dieu et l'humanité, a offert un modèle fonctionnel pour penser la médiation entre les sphères spirituelles et matérielles. Cependant, alors que les anges traditionnels sont considérés comme des créatures subordonnées, les Éons sont compris comme des émanations directes de la substance divine, participant à l'essence même de la Divinité Suprême. Cette distinction est cruciale, car elle insère les Éons dans une dynamique cosmique où chacun d'eux ne se contente pas de servir la divinité, mais exprime et prolonge sa propre nature, fonctionnant comme des reflets vivants et conscients de l'être divin originel. Malgré cela, dans certains textes gnostiques, la distinction entre Éons et anges devient fluide, suggérant que, dans la pratique spirituelle, la reconnaissance de ces puissances spirituelles ne dépend pas tant de leur classification rigide, mais de l'expérience directe de leurs présences et de leurs fonctions.

La synthèse créative qui a abouti au concept gnostique d'Éons est donc une preuve de la capacité du gnosticisme à dialoguer avec différentes traditions et à les réinterpréter à la lumière de sa propre vision spirituelle. Des éléments platoniciens, néoplatoniciens, judaïques, chrétiens et mystériques se combinent dans un système qui cherche à répondre à la grande question spirituelle de l'époque : comment concilier l'existence d'un principe divin parfait et transcendant avec l'imperfection et la souffrance évidentes du monde matériel. En transformant les Éons en intelligences cosmiques, forces vives qui organisent, éclairent et soutiennent la structure de la réalité spirituelle, le gnosticisme n'a pas seulement offert une cosmologie explicative, mais a également construit un chemin de retour spirituel. Connaître les Éons n'est pas seulement comprendre l'univers — c'est reconnaître, en soi, les mêmes puissances spirituelles qui composent le Plérôme et percevoir que l'éveil intérieur est la clé pour se réintégrer à ce réseau divin de lumière et de sagesse, en retrouvant la mémoire oubliée de l'origine et du destin ultime de l'âme.

Dans le domaine des influences philosophiques, le platonisme et le néoplatonisme apparaissent comme des courants de pensée d'une importance primordiale pour la formation du concept d'Éons. Le platonisme, issu des enseignements de Platon, présentait déjà une vision du monde dualiste, distinguant le monde sensible, changeant et imparfait, et le monde intelligible, éternel et parfait, habité par les Formes ou Idées, archétypes parfaits de toutes les choses existant dans le monde sensible. Le néoplatonisme, développé à partir du platonisme à partir du IIIe siècle après J.-C., a approfondi cette vision dualiste, hiérarchisant la réalité en une échelle d'émanations à partir d'un principe suprême et un, l'Un, qui ressemble à la Monade gnostique. Dans cette hiérarchie néoplatonicienne, les émanations successives de l'Un, appelées hypostases, représentent différents niveaux de réalité, progressivement moins parfaits et plus éloignés de la source originelle. Les Éons gnostiques peuvent être compris comme des entités analogues aux hypostases néoplatoniciennes, intermédiaires entre la Divinité Suprême et le monde matériel, manifestations de l'intelligence et de la volonté divine à différents degrés de proximité avec l'Un/Monade.

L'influence néoplatonicienne est particulièrement évidente dans la description du Plérôme gnostique, la demeure des Éons, qui fait écho à la conception néoplatonicienne du monde intelligible, un royaume de lumière, d'intelligence et de perfection qui transcende le monde sensible. L'idée d'émanation, centrale tant dans le néoplatonisme que dans le gnosticisme, renforce également cette connexion, suggérant un processus de manifestation graduelle et hiérarchique à partir d'un principe originel. Des philosophes néoplatoniciens comme Plotin et Proclus ont exploré en détail la nature des émanations et la structure hiérarchique de l'univers, offrant un cadre conceptuel qui a certainement influencé le développement de la cosmologie éonique gnostique.

Au-delà des influences philosophiques, le concept d'Éons trouve également des parallèles dans diverses traditions religieuses et mythologiques de l'Antiquité tardive, notamment dans l'hellénisme et les religions à mystères. L'hellénisme, la culture et la religion prédominantes dans le monde méditerranéen après les conquêtes d'Alexandre le Grand, se caractérisait par un syncrétisme religieux, un mélange d'éléments des traditions grecque, orientale et égyptienne. Dans ce contexte syncrétique, diverses divinités et entités spirituelles étaient vénérées, souvent associées à des forces cosmiques et à des cycles temporels. Les religions à mystères, comme les mystères d'Éleusis, les mystères mithriaques et les mystères d'Isis, offraient des rituels d'initiation et des enseignements secrets qui promettaient aux initiés le salut et l'immortalité par la connaissance et l'expérience mystique.

Dans le contexte hellénistique et des religions à mystères, il est possible d'identifier des entités et des concepts qui présentent des similitudes avec les Éons gnostiques. Des divinités comme Hécate, Hermès Trismégiste, Mithra et Isis étaient fréquemment associées à la sagesse occulte, à la connaissance ésotérique et à la médiation entre le monde divin et le monde humain. Les notions de hiérarchies célestes, d'intermédiaires divins et de forces cosmiques qui gouvernent le destin humain étaient également courantes dans ces traditions. Les rituels d'initiation des religions à mystères, avec leurs symbolismes de mort et de renaissance, de descente aux enfers et d'ascension vers la lumière, peuvent être considérés comme des parallèles au voyage de l'âme gnostique en quête de la Gnose et du retour au Plérôme.

La relation entre les Éons et le concept d'anges et d'archanges dans le judaïsme et le christianisme primitif est un point crucial pour comprendre la spécificité de la vision gnostique. Dans le judaïsme et le christianisme, la croyance en des êtres angéliques comme messagers et auxiliaires de Dieu était déjà bien établie à l'époque de l'Antiquité tardive. Les anges et les archanges étaient considérés comme des entités spirituelles qui peuplent les cieux, exécutent la volonté divine et intercèdent en faveur de l'humanité. Les noms d'archanges comme Michel, Gabriel, Raphaël et Uriel étaient déjà familiers dans le judaïsme et ont été incorporés au christianisme primitif.

Cependant, la conception gnostique des Éons diffère sur des points importants de la vision judéo-chrétienne des anges et des archanges. Alors que les anges et les archanges sont généralement considérés comme des créations de Dieu, serviteurs de sa volonté et subordonnés à son autorité, les Éons sont conçus comme des émanations de la Divinité Suprême elle-même, participant à sa nature divine et partageant, dans une certaine mesure, son autonomie et son pouvoir. Les Éons ne sont pas de simples messagers, mais plutôt des forces cosmiques et des intelligences divines qui agissent dans l'organisation et l'évolution de l'univers spirituel et matériel.

De plus, la hiérarchie éonique gnostique est beaucoup plus complexe et élaborée que la hiérarchie angélique judéo-chrétienne. Le Plérôme gnostique est peuplé d'une vaste gamme d'Éons, chacun ayant un nom, une fonction et un rôle spécifique au sein de l'ordre divin. Les relations entre les Éons, leurs généalogies et leurs attributs sont explorées en détail dans les textes gnostiques, révélant un système cosmologique sophistiqué et multiforme. Alors que l'angélologie judéo-chrétienne se concentre principalement sur le rôle des anges en tant qu'intermédiaires entre Dieu et l'humanité, l'éonologie gnostique englobe une vision plus large, impliquant l'organisation du cosmos spirituel, la dynamique de l'émanation divine et le processus de rédemption de l'âme humaine.

Malgré ces différences, il est important de reconnaître que le concept d'Éons peut également être considéré comme une réélaboration et une expansion d'idées préexistantes sur les êtres spirituels intermédiaires présents dans le judaïsme et le christianisme primitif. L'influence de l'angélologie juive et chrétienne sur le développement de l'éonologie gnostique est indéniable, notamment en ce qui concerne l'idée de hiérarchies célestes et d'entités spirituelles qui agissent comme messagers et auxiliaires divins. Dans certains textes gnostiques, comme l'Évangile de Marie-Madeleine, il est possible d'observer une certaine indistinction entre les termes "Éon" et "ange", suggérant une superposition et une continuité entre les deux catégories d'êtres spirituels.

L'insertion des Éons dans le contexte religieux et philosophique de l'Antiquité tardive révèle leur nature syncrétique et leur capacité à intégrer et à transformer des idées et des concepts provenant de diverses sources. Le gnosticisme, et le concept d'Éons en particulier, peuvent être considérés comme une synthèse créative d'éléments du platonisme, du néoplatonisme, des religions à mystères hellénistiques, du judaïsme et du christianisme primitif. Cette synthèse a abouti à une vision du monde originale et complexe, qui a offert une réponse alternative aux questions fondamentales sur l'origine de l'univers, la nature du divin, le destin humain et le chemin du salut. La compréhension des Éons dans le contexte de l'Antiquité tardive nous permet d'apprécier la richesse et la diversité de la pensée religieuse et philosophique de cette époque, ainsi que la capacité humaine à créer de nouvelles formes de spiritualité et de cosmovision à partir d'un dialogue dynamique entre différentes traditions et idées.

Chapitre 6
La Plénitude Divine

La compréhension profonde du Plérôme révèle une dimension spirituelle qui précède toute conception matérielle et qui exprime l'essence absolue de la Divinité Suprême dans sa forme la plus pure et abondante. Ce royaume spirituel transcende toute idée de localité physique ou spatiale et se manifeste comme un état plein d'existence, où la lumière primordiale, incorruptible et éternelle, constitue la substance essentielle de toute réalité divine. Le Plérôme, par conséquent, ne peut être réduit à un concept abstrait ou symbolique, mais se configure comme l'expression même de la complétude divine, où chaque élément participe intégralement de l'essence unique et transcendante de la Monade primordiale. Cette plénitude spirituelle n'est pas statique ou inerte, mais dynamique et vivante, une pulsation constante de la présence divine qui émane, soutient et reconduit toutes choses à son origine immaculée. Au sein de ce royaume de lumière, de vérité et de perfection, les Éons surgissent comme des manifestations directes de la richesse infinie et de la puissance créatrice de la Divinité Suprême, chacun portant en soi une facette singulière de la sagesse et de l'amour divins. Chaque Éon est une expression vivante de la plénitude, et ensemble, ils forment une trame sacrée qui reflète la totalité de l'être divin dans ses multiples possibilités de manifestation.

L'émanation de ces êtres spirituels n'est pas un événement isolé ou fortuit, mais reflète un processus ordonné, où la plénitude divine déborde de manière spontanée et naturelle, sans rupture ni séparation, mais plutôt comme une extension continue de l'essence divine elle-même. Tout comme la lumière d'une étoile remplit l'espace autour d'elle sans perdre la connexion avec sa source, les Éons surgissent comme des rayons qui, bien que distincts, demeurent enracinés au cœur de la Monade, participant à sa nature lumineuse et éternelle. Chaque émanation porte en elle non seulement la substance de la lumière divine, mais aussi la sagesse primordiale, l'harmonie cosmique et la puissance créatrice, reflétant l'intelligence ordonnatrice qui imprègne tout le Plérôme. Cette progression hiérarchique d'émanations n'implique pas un éloignement ou un affaiblissement de l'essence divine, mais révèle la richesse infinie de la source, dont la plénitude ne s'épuise jamais, même en se multipliant en d'innombrables formes spirituelles. Dans ce flux incessant d'émanations, le Plérôme se révèle comme la scène où le divin lui-même se connaît et se transcende, s'étendant en couches de lumière et de sagesse, chacune révélant des aspects cachés et merveilleux de la plénitude infinie de la Divinité Suprême.

Dans ce contexte, la compréhension du Plérôme ne peut être dissociée de l'expérience spirituelle directe et de la quête intérieure de la connaissance salvatrice –

la Gnose – qui reconduit l'âme humaine à sa véritable demeure. Le Plérôme représente l'archétype suprême de la perfection et du bonheur spirituel, le modèle primordial d'harmonie et de vérité qui reflète la destinée ultime de toute étincelle divine exilée dans la création matérielle. En son sein, il n'existe ni absence, ni manque, ni conflit, car chaque élément trouve son accomplissement plein dans la communion harmonieuse avec le tout. Cet état d'unité n'annule pas l'individualité, mais l'élève à son expression la plus parfaite, où chaque Éon, chaque être et chaque étincelle spirituelle devient un miroir lumineux de la Divinité Suprême elle-même. Cette vision du Plérôme comme plénitude divine absolue, où lumière, sagesse, amour et vérité s'entrelacent dans une danse éternelle d'auto-découverte et de célébration cosmique, offre non seulement une clé de la cosmologie gnostique, mais aussi une invitation à une transformation intérieure profonde, dans laquelle l'âme, en reconnaissant son origine et sa destinée dans le Plérôme, s'éveille à sa véritable identité spirituelle et s'aligne sur le flux éternel de l'émanation divine.

    Le Plérôme est conçu comme la demeure de la Divinité Suprême, la Monade primordiale et inconnaissable qui réside au sommet de la hiérarchie spirituelle. C'est le royaume de la lumière incréée, la source de toute existence et le principe originel de toutes choses. Le Plérôme n'est pas un lieu physique ou spatialement délimité, mais plutôt un état d'être, une dimension de la réalité qui transcende les catégories spatio-temporelles du monde matériel. C'est une réalité spirituelle, vibrante et dynamique, remplie de la présence divine et habitée par une myriade d'êtres spirituels, les Éons.

Le processus d'émanation des Éons à partir de la Divinité Suprême est un concept central de la cosmologie gnostique. Comme déjà mentionné, l'émanation n'est pas un acte de création au sens traditionnel, mais plutôt une expansion de l'essence divine elle-même, une irradiation de la plénitude et de la surabondance de la Monade. La Divinité Suprême, dans sa nature débordante, se manifeste de manière graduelle et hiérarchique, générant une série d'êtres spirituels qui participent, à des degrés divers, de sa divinité. Les Éons sont donc considérés comme des émanations de la Monade, des projections de sa lumière et de sa sagesse dans le royaume du Plérôme.

L'émanation des Éons peut être comparée à une source de lumière qui irradie ses rayons dans toutes les directions. La source, la Monade, demeure inépuisable et inaltérée, même en émanant sa lumière. Les rayons, les Éons, sont distincts de la source, mais participent néanmoins de sa nature lumineuse et transmettent sa lumière. L'émanation est un processus continu et dynamique, une expression de la vitalité et de la fécondité de la Divinité Suprême.

La nature lumineuse et spirituelle du Plérôme est soulignée dans divers textes gnostiques. Le Plérôme est décrit comme un royaume de lumière intense et rayonnante, une mer de luminosité divine qui remplit tout l'espace spirituel. Cette lumière n'est pas la lumière physique du monde matériel, mais plutôt une lumière spirituelle, pure et incorruptible, qui émane de l'essence même de la Divinité Suprême. Les Éons, en tant qu'habitants du Plérôme, sont également des êtres de lumière, radiants et glorieux, manifestant la luminosité divine dans leurs propres natures et irradiations.

Le Plérôme n'est pas seulement un royaume de lumière, mais aussi un royaume de plénitude et de perfection. En lui, toutes choses existent dans leur forme parfaite et archétypale, libres des limitations, de l'imperfection et de la corruption qui caractérisent le monde matériel. Le Plérôme est la demeure de la vérité éternelle, de la sagesse infinie et de l'amour divin. C'est un état d'être complet et autosuffisant, où il n'y a ni manque, ni souffrance, ni carence. La plénitude du Plérôme contraste fortement avec la vacuité et le manque du monde matériel, créé par le Démiurge à partir de l'ignorance et de l'illusion.

L'émanation des Éons du Plérôme n'est pas un processus aléatoire ou chaotique, mais plutôt un processus ordonné et hiérarchique. Les Éons sont organisés en familles et hiérarchies complexes, reflétant l'ordre et l'harmonie du royaume divin. Certains Éons sont considérés comme primaires, plus proches de la Monade et d'une plus grande puissance et importance, tandis que d'autres sont secondaires, tertiaires, et ainsi de suite, formant un vaste et complexe réseau de relations et d'interconnexions au sein du Plérôme. Cette hiérarchie éonique n'implique pas une hiérarchie de valeur ou de supériorité morale, mais plutôt une différenciation de fonctions et d'attributs au sein de l'ordre divin.

L'émanation des Éons du Plérôme peut également être comprise comme un processus d'auto-connaissance et d'auto-développement de la Divinité Suprême. En émanant les Éons, la Monade manifeste sa propre richesse intérieure, sa potentialité infinie et sa complexité intrinsèque. Chaque Éon, dans son individualité et sa spécificité, représente un aspect de la Divinité Suprême, une facette de sa nature multiforme. La totalité des Éons, le Plérôme dans sa plénitude, reflète la totalité de la Divinité Suprême, son essence infinie et insondable.

La compréhension du Plérôme et de l'émanation des Éons est fondamentale pour la cosmologie gnostique et pour la spiritualité ésotérique chrétienne. Le Plérôme représente l'objectif ultime du voyage spirituel, le royaume de plénitude et de lumière auquel l'âme humaine aspire à retourner. La Gnose, la connaissance salvatrice, est le chemin qui conduit l'âme à retourner au Plérôme, la libérant de l'illusion du monde matériel et la réunissant à son origine divine. Les Éons, en tant qu'habitants du Plérôme et émanations de la Divinité Suprême, agissent comme guides et auxiliaires dans ce voyage, offrant sagesse, protection et inspiration aux chercheurs spirituels.

L'image du Plérôme comme royaume de lumière, de plénitude et de perfection, et la compréhension de l'émanation des Éons comme processus dynamique et hiérarchique, offrent un riche panorama pour la contemplation et la méditation. Visualiser le Plérôme comme une mer de lumière rayonnante, habitée par des êtres spirituels glorieux, peut inspirer l'âme à s'élever au-dessus des limitations du monde matériel et à aspirer à l'union avec le divin. Contempler l'émanation des Éons comme une expression de la surabondance et de la fécondité de la Divinité Suprême peut éveiller un sentiment de révérence et de gratitude envers l'infinie générosité de la source primordiale.

    L'exploration du concept du Plérôme et de l'émanation des Éons nous invite à élargir notre vision de la réalité, à reconnaître l'existence de dimensions spirituelles qui transcendent notre perception quotidienne et à rechercher une connexion plus profonde et significative avec le divin. Le Plérôme, en tant que demeure de la plénitude divine, représente un idéal spirituel, un archétype de perfection et de bonheur qui peut inspirer notre voyage intérieur et orienter notre quête de la Gnose et de l'union avec la Divinité Suprême. La compréhension de l'émanation des Éons nous offre une clé pour déverrouiller les mystères de la cosmologie gnostique et pour appréhender la richesse et la complexité du christianisme ésotérique.

Chapitre 7
Hiérarchie Éonique

Au sein de la plénitude lumineuse et ordonnée du Plérôme, l'existence et la fonction des Éons se déploient dans un réseau complexe de relations et de rôles soigneusement organisés, où chaque être spirituel manifeste non seulement un aspect de la Divinité Suprême, mais collabore aussi de manière active et harmonieuse au maintien de l'ordre divin. Le Plérôme, loin d'être un espace indifférencié ou chaotique, se révèle comme une structure spirituelle vivante, où la plénitude même de la Monade primordiale s'exprime en couches hiérarchiques qui reflètent, à chaque niveau, la sagesse, la lumière et le dessein divin. Chaque Éon occupe une place spécifique dans ce grand organisme spirituel, non par une question de pouvoir ou de suprématie, mais en fonction de la particularité de son essence et de la nature de son don spirituel. Ainsi, la hiérarchie éonique ne se configure pas comme une échelle de valeur ou de mérite, mais comme une symphonie de fonctions complémentaires, où chaque Éon est appelé à manifester, préserver et irradier un fragment de la vérité divine, collaborant à la préservation de l'harmonie cosmique qui imprègne le Plérôme.

Dans la dynamique de ce cosmos spirituel, les relations entre les Éons dessinent une carte de connexions vivantes, où la proximité avec la Monade primordiale détermine l'intensité de la lumière divine que chaque être est capable d'irradier. Les Éons les plus proches de la source originelle de toute lumière et sagesse vibrent à des fréquences de plus grande pureté et puissance, tandis que les Éons situés dans des couches plus externes agissent comme des ponts et des intermédiaires, canalisant la lumière primordiale vers des régions plus éloignées du Plérôme et, éventuellement, au-delà de ses frontières spirituelles. Cette décentralisation de la plénitude divine n'implique pas un affaiblissement ou une dilution de la lumière, mais un ajustement progressif de l'intensité de la présence divine en fonction de la capacité de réception de chaque sphère et de chaque être. Cette structure en couches permet à la plénitude infinie de la Monade de se révéler de manière ordonnée et accessible, respectant la diversité des fonctions et la richesse des manifestations qui composent le grand corps spirituel du Plérôme. Le flux continu de lumière et de sagesse entre les différents niveaux de la hiérarchie éonique n'est pas un mouvement mécanique ou impositif, mais une expression de l'amour divin qui cherche incessamment à partager sa propre essence avec tous les niveaux de la création spirituelle.

L'ordonnancement hiérarchique du Plérôme, soutenu par ce réseau de relations entre les Éons, garantit non seulement la stabilité et l'harmonie du cosmos spirituel, mais offre également un chemin d'ascension et de réintégration pour les consciences spirituelles qui se trouvent temporairement éloignées de la plénitude divine. Chaque Éon, dans sa fonction spécifique, non seulement préserve et manifeste une parcelle de la vérité divine, mais agit également comme un guide, un miroir et une source d'inspiration pour les âmes en chemin de retour vers la lumière primordiale. En ce sens, la hiérarchie éonique n'est pas une barrière ou une limitation, mais un escalier vivant, où chaque marche révèle une nouvelle couche de sagesse et de lumière, invitant chaque être conscient à approfondir sa compréhension et à élargir sa propre capacité à refléter et à contenir la présence divine. Ainsi, comprendre la hiérarchie éonique n'est pas seulement un exercice de cartographie métaphysique, mais une clé spirituelle pour la réintégration de l'âme, une invitation pour que chaque chercheur de la Gnose reconnaisse sa connexion intime avec ce vaste réseau spirituel et accepte sa propre place et sa propre vocation au sein de l'ordre divin, participant activement à la grande œuvre de manifestation et de révélation de la plénitude infinie de la Divinité Suprême.

La structure hiérarchique des Éons peut être comprise à différents niveaux. À un niveau fondamental, les Éons peuvent être regroupés en familles ou ensembles, souvent appelés "syzygies" ou "conjonctions" dans les textes gnostiques. Ces familles éoniques représentent des unités de conscience et d'énergie divine, composées généralement d'une paire d'Éons complémentaires, un masculin et un féminin, qui ensemble manifestent un aspect particulier de la Divinité Suprême. L'idée de la syzygie reflète la dualité présente dans la cosmologie gnostique, mais aussi sa quête d'unité et de réconciliation des opposés. L'union de la syzygie éonique représente la plénitude et la perfection, la manifestation complète d'un principe divin.

Parmi les familles éoniques les plus éminentes mentionnées dans les textes gnostiques, se distingue la première syzygie, souvent composée de la Monade primordiale, le Père Ineffable, et de sa contrepartie féminine, généralement appelée Barbelo ou Ennoia (Pensée). Cette première syzygie représente la racine de toute l'émanation éonique, le point de départ de la manifestation de la Divinité Suprême dans le Plérôme. À partir de cette première union, émanent d'autres syzygies, chacune manifestant des attributs et des fonctions spécifiques au sein de l'ordre divin.

Une autre syzygie éonique importante est celle du Christ et de Sophia. Le Christ, dans le contexte gnostique, est souvent compris comme un Éon sauveur, envoyé du Plérôme pour révéler la Gnose à l'humanité et la guider de retour à son origine divine. Sophia, la Sagesse Divine, est un Éon féminin complexe et multifacette, dont l'histoire et le destin jouent un rôle crucial dans la cosmogonie gnostique. La syzygie du Christ et de Sophia représente l'union de la sagesse divine et du principe rédempteur, la manifestation de la lumière et de la vérité qui dissipe l'ignorance et l'illusion du monde matériel.

Au-delà des syzygies, les Éons s'organisent également en hiérarchies plus larges, formant des ordres et des niveaux de manifestation au sein du Plérôme. Certains Éons sont considérés comme primaires, occupant des positions de premier plan et d'autorité dans la hiérarchie divine, tandis que d'autres sont secondaires, tertiaires et ainsi de suite, formant un vaste et complexe réseau d'êtres spirituels. Les Éons primaires, plus proches de la Monade, irradient une plus grande intensité de lumière divine et exercent une influence plus directe sur les sphères inférieures de la réalité. Les Éons secondaires et tertiaires agissent comme intermédiaires et auxiliaires, transmettant l'énergie et la sagesse des Éons supérieurs aux régions les plus éloignées du Plérôme et au monde matériel.

Il est important de souligner que la hiérarchie éonique n'est pas rigide ou statique, mais dynamique et fluide. Les relations entre les Éons sont caractérisées par la coopération, l'interdépendance et le flux constant d'énergie et d'information. Les Éons ne rivalisent pas entre eux pour le pouvoir ou le statut, mais collaborent en harmonie à la réalisation du plan divin et au maintien de l'ordre cosmique. La hiérarchie éonique reflète l'ordre et l'organisation inhérents à l'univers spirituel, mais aussi sa vitalité et son dynamisme.

La relation entre les Éons primaires et secondaires peut être comparée à la relation entre un soleil central et les planètes qui l'orbitent. Le soleil, la Monade ou les Éons primaires, émettent la lumière et l'énergie qui soutiennent et illuminent les planètes, les Éons secondaires et tertiaires. Les planètes, à leur tour, réfléchissent et distribuent la lumière du soleil, transmettant son énergie aux régions les plus éloignées du système solaire, le Plérôme. Cette image illustre l'interdépendance et la complémentarité entre les différents niveaux de la hiérarchie éonique.

Explorer les familles et les relations au sein du royaume divin éonique implique également de considérer la figure d'Éons spécifiques et leurs fonctions particulières. Sophia, comme mentionné, joue un rôle crucial dans la cosmogonie gnostique, étant associée à la sagesse divine et aussi à la chute cosmique qui a résulté en la création du monde matériel. Le Christ, l'Éon sauveur, est central pour la sotériologie gnostique, offrant la Gnose et le chemin de la rédemption. L'Esprit Saint, dans certaines traditions gnostiques, est également conçu comme un Éon féminin, associé à la force vitale, à l'inspiration et à la manifestation de la présence divine dans le monde.

D'autres Éons importants dans les textes gnostiques incluent Autogènes (Auto-Généré), Logos (Verbe), Zoé (Vie), Anthropos (Homme), Église et bien d'autres. Chacun de ces Éons possède des attributs et des fonctions spécifiques, contribuant à la richesse et à la complexité du Plérôme. Étudier la généalogie et les relations entre ces Éons est un exercice fascinant pour dévoiler les mystères de la cosmologie gnostique et pour comprendre le réseau complexe de consciences et d'énergies qui peuplent le royaume divin.

La compréhension de la hiérarchie éonique n'est pas seulement un exercice intellectuel ou une curiosité théologique. Elle a des implications profondes pour la spiritualité ésotérique chrétienne et pour le voyage intérieur du chercheur de la Gnose. Reconnaître l'existence d'une hiérarchie d'êtres spirituels qui agissent comme intermédiaires entre la Divinité Suprême et l'humanité peut inspirer un sentiment de révérence et d'admiration pour l'ordre cosmique et la richesse du royaume divin. Chercher la connexion avec les Éons, à travers la méditation, la contemplation et la prière, peut ouvrir des canaux de communication avec les intelligences cosmiques et permettre l'accès à la sagesse et à l'orientation spirituelle qui émanent du Plérôme.

La hiérarchie éonique, avec ses familles, ses ordres et ses relations, représente une carte de l'univers spirituel, un guide pour le voyage de l'âme en quête de l'union avec le divin. En explorant cette carte, le chercheur spirituel peut s'orienter dans les dimensions les plus subtiles de la réalité, discerner les différentes énergies et influences spirituelles et approfondir sa compréhension de sa propre nature divine et de sa place dans le cosmos. La contemplation de la hiérarchie éonique peut donc être un chemin vers la Gnose, vers la connaissance de soi et vers la transformation de la conscience. La richesse et la complexité de la hiérarchie éonique reflètent la créativité infinie et l'ordre intrinsèque de l'univers spirituel, invitant l'âme humaine à s'éveiller à sa véritable nature divine et à aspirer au retour à la plénitude du Plérôme.

Chapitre 8
La Chute Cosmique

La trajectoire de Sophia à l'intérieur du Plérôme et sa chute subséquente au-delà des frontières lumineuses du royaume divin représentent un drame cosmique d'une immense profondeur, dont les implications résonnent dans chaque aspect de l'existence spirituelle et matérielle. Sophia, dans sa nature la plus essentielle, incarne le principe même de la Sagesse Divine, une intelligence vivante et agissante qui cherche sans cesse à approfondir les mystères de la source originelle de toute lumière et de tout être. Émanée de la plénitude de la Monade Suprême, Sophia n'est pas seulement une gardienne passive de la sagesse éternelle, mais une force vibrante, inquiète et créatrice, mue par une impulsion profonde de connaître, de générer et de comprendre. Cette caractéristique unique fait de Sophia une figure singulière parmi les Éons, car en elle se fondent la luminosité innée de la sagesse divine et la flamme ardente du désir d'aller au-delà de ce qui est déjà manifesté, explorant des territoires de l'être et de la connaissance encore non révélés. Cette soif d'expansion, cependant, la conduit à une limite délicate — le seuil entre l'harmonie du Plérôme et les régions obscures du vide primordial, où la lumière divine n'a pas encore irradié son ordre et sa beauté.

Le mouvement de Sophia vers ce seuil n'est pas un acte de rébellion ou de rupture délibérée avec l'ordre divin, mais la manifestation d'une pulsion inhérente au dynamisme même de la sagesse créatrice, qui cherche incessamment à connaître ses origines les plus profondes et à exprimer sa fécondité dans de nouvelles formes. En dirigeant son attention et son désir vers la source inaccessible de la Monade elle-même, Sophia se confronte au mystère ultime de la Divinité Suprême — une réalité si vaste et si impénétrable que même les Éons ne peuvent la contempler directement sans se perdre dans son infinité. En s'étendant au-delà de l'équilibre parfait du Plérôme, Sophia traverse un seuil ontologique, pénétrant dans des régions d'indistinction et de chaos, où la lumière de la Monade s'affaiblit et où les puissances spirituelles deviennent instables. Ce mouvement, motivé par la soif de comprendre et d'embrasser la plénitude de la Monade dans sa totalité, aboutit à une fragmentation de Sophia elle-même, dont les aspects lumineux restent ancrés dans le Plérôme, tandis que ses parties inférieures glissent vers des sphères de densité et de séparation croissantes.

La chute de Sophia instaure une perturbation qui se répercute dans toute la texture spirituelle du Plérôme, déclenchant un mouvement de rééquilibrage qui culmine dans la manifestation d'une réalité complètement nouvelle : le royaume de la matière et de la finitude. Séparée de la plénitude lumineuse de son origine, Sophia se retrouve enveloppée de couches d'obscurité et de confusion, ses facultés créatrices donnant forme à une projection imparfaite de l'ordre divin — le cosmos matériel. Cette émanation involontaire, marquée par le manque de la lumière originelle, génère le Démiurge, une entité créatrice aveugle à sa propre origine spirituelle, qui construit le monde matériel comme une réplique déformée de l'harmonie spirituelle du Plérôme. La matière, dans ce contexte, n'est pas seulement une substance passive, mais l'enregistrement de l'angoisse de Sophia, la mémoire de son désir de la lumière perdue et de sa tentative désespérée de retrouver l'harmonie originelle par la création. Chaque élément du monde sensible porte en lui l'écho de la sagesse divine fragmentée, ainsi que la marque de la séparation et de l'oubli, instaurant la condition existentielle d'exil et d'aliénation qui définit l'humanité.

Même au milieu de l'obscurité et de la chute, Sophia n'est jamais abandonnée par la plénitude divine. Le Plérôme, dans sa compassion infinie, mobilise l'émanation d'un Éon rédempteur — le Christ — dont la mission est de restaurer le lien entre Sophia et son origine lumineuse. Le Christ gnostique, distinct de la figure historique et dogmatique, n'apparaît pas comme un sauveur extérieur, mais comme l'expression même de la lumière primordiale descendant dans les régions de la séparation pour éveiller la mémoire de l'origine divine en Sophia et, par extension, dans toute la création matérielle. Le drame de Sophia devient ainsi le miroir cosmique de la condition humaine : de même qu'elle s'est perdue dans le désir de comprendre et de créer, chaque âme humaine, porteuse d'une étincelle de la lumière sophianique, porte en son sein la mémoire oubliée du Plérôme et le désir irrépressible de retourner à la plénitude. La rédemption de Sophia et la libération de l'âme humaine deviennent deux aspects inséparables de la même œuvre divine, et l'éveil de la Gnose représente à la fois la réintégration de la sagesse fragmentée et l'ascension de l'âme à sa place légitime dans la demeure lumineuse de la Divinité Suprême.

Sophia, dans son essence primordiale, est un Éon de lumière et de sagesse, émané de la Divinité Suprême et habitant du Plérôme. Elle est la personnification de la Sagesse Divine, l'intelligence cosmique qui imprègne tout le royaume spirituel et qui reflète l'esprit et la connaissance de la Monade. Sophia est associée à la gnose primordiale, à la connaissance intuitive et directe de la vérité divine, et à la capacité de discerner les mystères de l'univers. Dans certaines traditions gnostiques, Sophia est également considérée comme le principe féminin divin, la contrepartie féminine de la Monade ou du Père Ineffable, complétant la dualité primordiale présente dans la cosmologie gnostique. En tant qu'Éon de sagesse, Sophia possède une connaissance profonde des lois et de l'ordre du Plérôme, et participe activement à l'harmonie et à l'organisation du royaume divin. Sa nature lumineuse irradie la sagesse et le discernement, guidant les autres Éons et illuminant les sphères spirituelles inférieures.

Cependant, l'histoire de Sophia ne se limite pas à sa nature divine et lumineuse. L'un des mythes centraux du gnosticisme raconte la chute de Sophia, un événement cosmique dramatique qui aurait déclenché la création du monde matériel et la condition d'exil spirituel de l'humanité. Le récit de la chute de Sophia varie en détails selon les différentes branches gnostiques, mais le thème central demeure constant : Sophia, mue par un désir de connaître l'inconnaissable ou de créer quelque chose par elle-même, se serait éloignée du Plérôme ou aurait agi de manière indépendante de la volonté divine, entraînant une perturbation de l'ordre cosmique et sa propre chute dans les régions inférieures de la réalité.

Dans certaines versions du mythe, la chute de Sophia est décrite comme un acte de passion ou de désir ardent de connaître la Monade dans sa totalité, un désir qui dépasse les limites permises aux Éons. Dans ce désir impétueux de connaissance, Sophia se serait aventurée au-delà des limites du Plérôme, perdant le contact avec la lumière divine et plongeant dans l'obscurité et le chaos. Dans d'autres versions, la chute de Sophia est attribuée à un désir de création indépendante, une envie de générer quelque chose de nouveau par elle-même, sans la participation ou la permission de la Divinité Suprême. Dans cet acte d'auto-affirmation, Sophia se serait séparée de l'harmonie du Plérôme, donnant naissance à une émanation imparfaite et chaotique, qui deviendrait la base du monde matériel.

Les conséquences de la chute de Sophia sont vastes et profondes, se répercutant dans tout le cosmos gnostique. La perturbation causée par sa chute aurait rompu l'harmonie du Plérôme, générant une ombre ou une obscurité au sein de la plénitude divine. De cette perturbation aurait émergé le Démiurge, une entité imparfaite et ignorante de la véritable Divinité Suprême, qui deviendrait le créateur du monde matériel. Le monde matériel est donc considéré comme une conséquence indirecte de la chute de Sophia, une création imparfaite et chaotique, éloignée de la lumière et de la perfection du Plérôme. La matière, dans la cosmologie gnostique, est souvent associée à l'obscurité, à l'illusion et à la souffrance, reflétant la perturbation originelle causée par la chute de Sophia.

La chute de Sophia a également des implications directes pour la condition humaine. Selon le mythe gnostique, l'étincelle divine, l'esprit ou l'âme humaine, est considérée comme une parcelle de Sophia elle-même, emprisonnée dans la matière dense et illusoire du monde matériel. L'âme humaine porte donc en elle la nostalgie du Plérôme, la mémoire de son origine divine et le désir du retour à sa demeure primordiale. La condition humaine est considérée comme un état d'exil spirituel, d'ignorance et de souffrance, résultant de la chute de Sophia et de la création du monde matériel par le Démiurge.

Cependant, l'histoire de Sophia ne se termine pas avec sa chute. Dans le mythe gnostique, Sophia, bien qu'elle soit tombée dans les régions inférieures de la réalité, n'est pas abandonnée par la Divinité Suprême. Le Plérôme, dans sa compassion et sa sagesse, envoie l'Éon Christ pour secourir Sophia et restaurer l'ordre cosmique. Le Christ, en tant que révélateur de la Gnose, descend dans le monde matériel pour éveiller l'humanité à sa véritable identité spirituelle et pour offrir le chemin de la rédemption et du retour au Plérôme. La rédemption, dans la perspective gnostique, n'implique pas seulement la libération de l'âme humaine de la prison de la matière, mais aussi la restauration de Sophia elle-même et la réunification du cosmos spirituel.

Sophia apparaît donc comme une figure complexe et multiforme, qui personnifie à la fois la sagesse divine et la possibilité de la chute, de l'erreur et de la rédemption. Elle est un symbole de l'âme humaine dans son voyage spirituel, représentant le désir de la vérité, la quête de la connaissance et l'expérience de l'exil et du retour. L'histoire de Sophia résonne avec l'expérience humaine de la recherche de la connaissance, de la commission d'erreurs, de la souffrance des conséquences des choix et de la découverte de la rédemption et de la restauration.

Sophia peut également être interprétée comme un symbole du principe féminin divin, de la force créatrice et intuitive qui réside au cœur de la Divinité Suprême. Sa chute et sa rédemption peuvent être considérées comme une métaphore du voyage de l'énergie féminine divine à travers les sphères de la réalité, depuis la plénitude du Plérôme jusqu'à la densité du monde matériel, et de retour à l'union avec le divin. La figure de Sophia, dans sa complexité et sa profondeur, offre un champ riche pour la réflexion sur la nature du féminin, la quête de la sagesse et le chemin de la rédemption spirituelle.

Dans l'art et l'iconographie, Sophia est souvent représentée comme une figure féminine majestueuse et mélancolique, souvent associée à des symboles de sagesse, tels que des livres, des parchemins ou des étoiles. Son expression faciale peut transmettre à la fois la beauté et la sérénité de la sagesse divine et la tristesse et le désir de sa condition d'exil. Certaines représentations de Sophia la montrent tombant du Plérôme, enveloppée d'obscurité et de chaos, tandis que d'autres la représentent secourue par le Christ ou remontant vers la lumière divine. Ces représentations artistiques cherchent à capturer la complexité et la richesse du mythe de Sophia, exprimant visuellement sa nature divine, sa chute cosmique et sa quête de rédemption.

L'exploration de la figure de Sophia, la Sagesse Divine, nous invite à contempler les profondeurs de la cosmologie gnostique et à réfléchir sur les mystères de la condition humaine. Sophia, dans sa chute et sa rédemption, personnifie le voyage de l'âme en quête de la Gnose, le désir de la vérité divine et l'espoir du retour à la plénitude du Plérôme. Son histoire résonne avec notre propre quête spirituelle, avec nos propres défis et avec notre propre capacité à trouver la lumière et la sagesse même dans les régions les plus sombres de l'existence. Sophia, l'Éon déchu et racheté, demeure un symbole puissant et inspirant du voyage spirituel humain et de la quête éternelle de l'union avec le divin.

Chapitre 9
Christ, l'Éon Sauveur

Christ, en tant qu'Éon salvateur, se manifeste comme une émanation directe de la plénitude divine, une expression pure de la lumière primordiale projetée à l'intérieur du Plérôme et destinée à agir comme lien essentiel entre la réalité parfaite et spirituelle et la création fragmentée et matérielle. Son origine, distincte de toute conception historique ou purement terrestre, réside dans l'essence même de la Monade Suprême, où il surgit comme verbe créateur, expression vivante de la pensée divine et reflet direct de l'intelligence ordonnatrice qui imprègne le cosmos spirituel. Dans le Plérôme, Christ n'est pas seulement un Éon parmi d'autres, mais celui en qui l'unité primordiale et la diversité des émanations se trouvent synthétisées et harmonisées. Il est le porteur de la conscience intégratrice qui englobe en elle la sagesse, l'amour et la volonté divine, agissant comme axe dynamique qui soutient l'ordre cosmique et préserve le flux de la lumière entre la Monade et ses émanations. Sa mission, cependant, ne se limite pas au maintien de l'harmonie interne du Plérôme, mais s'étend en compassion active, se tournant vers les régions inférieures où la lumière a été obscurcie et la conscience spirituelle est tombée dans l'oubli et l'exil.

La descente de Christ dans le monde matériel représente un acte de sacrifice cosmique, un choix volontaire de traverser les couches de densité et d'illusion qui séparent le Plérôme de la création déformée, afin de ramener la lumière de la connaissance salvatrice à ceux qui, oublieux de leur origine divine, errent dans l'ignorance et la souffrance. Cette descente n'implique pas une limitation ou une perte de sa nature spirituelle, car, en tant qu'Éon, Christ reste intrinsèquement connecté à la source primordiale de son émanation. En même temps qu'il parcourt les régions inférieures, il préserve intacte sa connexion avec la plénitude, étant ainsi le pont vivant entre l'éternité lumineuse et le temps fragmenté de la matière. Il se manifeste comme révélateur de la vérité oubliée, celui qui rappelle aux âmes emprisonnées leur véritable nom, leur lignée spirituelle et le chemin du retour au Plérôme. Cette révélation n'est pas purement doctrinale ou morale, mais existentielle et expérientielle : Christ éveille l'étincelle divine endormie dans chaque âme, activant la mémoire profonde de la lumière primordiale et ravivant le désir de réintégration et d'ascension spirituelle.

L'action de Christ en tant qu'Éon salvateur transcende toute mission isolée dans le temps ou dans l'espace et se présente comme une fonction constante et éternelle au sein de l'économie divine. Son rôle de médiateur et de guide spirituel se déploie continuellement, non seulement dans les instructions transmises directement aux disciples spirituels, mais à travers une présence subtile et intérieure qui accompagne chaque âme qui s'éveille à la réalité de la Gnose. Il est le maître intérieur qui murmure la vérité oubliée, le phare lumineux qui attire la conscience fragmentée vers l'unité originelle. Son action salvatrice est inséparable de la structure même du cosmos gnostique, car partout où il y a une étincelle emprisonnée, là aussi pulse la présence silencieuse et compatissante de Christ, offrant la clé de la connaissance libératrice. Christ, en tant qu'Éon, incarne la promesse éternelle de réconciliation entre la Sophia déchue et la Monade suprême, entre la matière et l'esprit, entre l'ignorance et la sagesse pleine. Sa mission ne s'épuise pas dans un événement historique ou une révélation passée, mais résonne continuellement dans chaque âme qui, en reconnaissant son origine et sa condition d'exil, entame le voyage de retour, guidée par la lumière de l'Éon sauveur.

    Au sein de la hiérarchie éonique, Christ occupe une position de premier plan, bien que sa place exacte varie selon les différentes écoles et systèmes gnostiques. En général, Christ est considéré comme un Éon primaire, émané directement de la Monade ou de l'une des premières syzygies divines. Son origine céleste et sa nature divine le distinguent fondamentalement de l'humanité ordinaire, le situant à un niveau supérieur d'existence spirituelle. Christ, en tant qu'Éon, habite le Plérôme, le royaume de la lumière et de la plénitude divine, partageant la nature éternelle et immuable des êtres spirituels supérieurs. Sa descente dans le monde matériel représente donc un événement singulier et extraordinaire, un acte de condescendance divine motivé par l'amour et la compassion pour l'humanité emprisonnée dans l'ignorance et l'illusion.

Le rôle primordial de Christ en tant qu'Éon est celui de révélateur de la Gnose. Dans la perspective gnostique, l'humanité se trouve dans un état d'oubli de sa véritable nature spirituelle et de son origine divine. Emprisonnée dans le monde matériel, créé par le Démiurge imparfait, l'âme humaine ignore sa propre essence lumineuse et sa destinée ultime dans le Plérôme. Christ, en tant que messager divin, descend dans le monde pour réveiller les âmes endormies, pour transmettre la Gnose, la connaissance salvatrice qui libère de l'ignorance et reconnecte à la Divinité Suprême. La Gnose révélée par Christ n'est pas simplement un savoir intellectuel ou une doctrine théorique, mais une expérience transformatrice et intuitive, une connaissance directe et vivante de la vérité spirituelle. C'est une connaissance qui illumine l'esprit, embrase le cœur et éveille la conscience à la réalité divine qui transcende le monde matériel.

Le message de Christ, dans la perspective gnostique, est centré sur la libération spirituelle et la connaissance de soi. Il ne prêche pas en premier lieu une moralité extérieure ou un ensemble de règles et de préceptes, mais un chemin de transformation intérieure qui conduit à la Gnose et à la rédemption. Les enseignements de Christ, préservés dans les Évangiles apocryphes et les textes de Nag Hammadi, soulignent l'importance de se connaître soi-même, de reconnaître l'étincelle divine intérieure et de s'éveiller à la réalité spirituelle qui réside en chaque être humain. Le salut, pour la gnose, n'est pas atteint par la foi aveugle ou l'obéissance dogmatique, mais par la connaissance illuminatrice, la Gnose qui libère l'âme de l'ignorance et la reconduit à son origine divine.

Christ, en tant qu'Éon, n'est pas seulement un révélateur de la Gnose, mais aussi un guide sur le chemin spirituel. Il ne transmet pas seulement la connaissance salvatrice, mais offre également l'exemple et l'aide nécessaires pour que les âmes éveillées puissent parcourir le chemin du retour au Plérôme. Christ, par ses enseignements et sa présence spirituelle, illumine le chemin de la Gnose, montrant les étapes à suivre, les obstacles à surmonter et les vertus à cultiver. Il est le berger qui guide les brebis égarées vers le bercail, le maître qui conduit les disciples à l'illumination, l'ami qui accompagne les compagnons de route dans la quête de la vérité. Le rôle de guide de Christ se manifeste aussi bien à travers ses enseignements explicites, préservés dans les textes gnostiques, qu'à travers sa présence spirituelle continue, qui accompagne et soutient ceux qui se consacrent à la recherche de la Gnose.

Il est important de distinguer la figure du Christ Éonique de la conception du Christ historique et du Christ de la foi orthodoxe. Alors que le christianisme orthodoxe met l'accent sur l'humanité historique de Jésus, sa mort sacrificielle sur la croix pour l'expiation des péchés de l'humanité et sa résurrection corporelle comme preuve de sa divinité, la gnose offre une perspective différente. Pour la gnose, la dimension éonique de Christ est primordiale, et sa manifestation historique dans le monde matériel est considérée comme un événement secondaire et instrumental pour la révélation de la Gnose. La crucifixion et la résurrection de Jésus, bien que non niées, sont réinterprétées symboliquement, comme des étapes d'un processus d'initiation spirituelle et de transcendance de la condition humaine limitée. Le focus de la gnose ne réside pas tant dans l'historicité de Jésus, mais dans le message spirituel et le pouvoir rédempteur de l'Éon Christ.

Les textes de Nag Hammadi offrent diverses perspectives sur l'Éon Christ, enrichissant et complexifiant sa figure. L'Évangile de Vérité présente Christ comme le révélateur du Père, le messager de l'amour et de la vérité venu dissiper l'ignorance et réconcilier l'humanité avec la Divinité Suprême. L'Évangile de Philippe explore les sacrements gnostiques et l'union mystique avec Christ comme chemin vers la Gnose. L'Apocryphe de Jean décrit l'origine céleste de Christ, son émanation du Plérôme et sa mission de sauvetage de la Sophia et de l'humanité. L'Évangile de Marie-Madeleine présente des dialogues entre Jésus ressuscité et ses disciples, révélant des enseignements ésotériques sur l'âme, la souffrance et l'ascension spirituelle. Ces textes, et bien d'autres de la bibliothèque de Nag Hammadi, offrent un riche panorama de la figure du Christ Éonique, dévoilant les multiples facettes de sa nature divine et de sa mission rédemptrice.

La figure de Christ en tant qu'Éon représente donc une dimension profonde et mystique de la foi chrétienne, qui résonne avec la quête humaine de sens, de transcendance et de libération spirituelle. En contemplant Christ comme une émanation de la Divinité Suprême, un être de lumière et de sagesse descendu dans le monde pour révéler la Gnose et guider l'humanité vers son origine divine, nous pouvons élargir notre compréhension du message chrétien et enrichir notre propre cheminement spirituel. Christ en tant qu'Éon nous invite à regarder au-delà des formes extérieures de la religion, à rechercher l'expérience directe de la vérité spirituelle et à emprunter le chemin de la Gnose, la connaissance qui libère et transforme l'âme humaine. L'exploration de la figure du Christ Éonique est une invitation à redécouvrir la profondeur et la richesse du christianisme ésotérique et à vivre la présence rédemptrice de l'Éon Christ dans notre propre voyage spirituel.

Chapitre 10
L'Esprit Saint, l'Éon Féminin

L'Esprit Saint, compris comme un Éon féminin dans le cadre du christianisme ésotérique et de la tradition gnostique, révèle une facette profondément intégratrice de la divinité, où le principe féminin, créateur, nourricier et inspirateur, s'entrelace à la structure cosmique et spirituelle de l'univers. Son émanation directement de la plénitude divine, le Plérôme, n'est pas un événement isolé ou secondaire, mais une expression essentielle de la plénitude même de la Monade Suprême, qui, en se manifestant, se révèle à la fois dans des polarités masculines et féminines, les unifiant dans une danse cosmique de création et de révélation. Cet Éon féminin n'est pas seulement une force passive de réception, mais une présence active, irradiant la vie spirituelle et le pouvoir régénérateur, dont l'action se manifeste aussi bien dans les plans supérieurs de l'existence que dans les processus intimes d'éveil et d'évolution intérieure de l'âme humaine. C'est elle qui insuffle l'étincelle divine dans le cœur de chaque être, l'animant du souffle de la vie spirituelle et du désir profond de retourner à son origine lumineuse.

Au sein du Plérôme, la fonction de l'Esprit Saint féminin transcende la simple sustentation de l'ordre cosmique et atteint le niveau de l'inspiration divine directe. Elle agit comme une tisserande cosmique, entrelaçant des fils de sagesse et d'amour dans chaque émanation spirituelle, assurant que l'essence divine reste vivante dans chaque Éon, dans chaque particule de lumière et dans chaque étincelle emprisonnée dans les voiles de la matière. Contrairement aux conceptions plus rigides qui la limitent à une force impersonnelle ou à une abstraction théologique, cette vision féminine de l'Esprit Saint la présente comme une présence vivante, intime et accueillante, qui participe directement au voyage de chaque âme, la nourrissant d'inspiration, d'intuition et de force créatrice. Son action n'est pas autoritaire ou directive, mais subtile et aimante, se manifestant dans les perceptions profondes, les murmures intérieurs et les éclairs de sagesse spontanée qui conduisent l'âme à la reconnaissance de sa vraie nature et à la recherche consciente de l'union avec le divin.

En descendant des sphères supérieures du Plérôme pour accompagner la trajectoire de Sophia déchue et de toutes les âmes qui partagent sa condition d'exil spirituel, l'Esprit Saint féminin assume le rôle de guide invisible et de souffle inspirateur qui conduit l'humanité à l'éveil de la Gnose. Cette inspiration divine ne se limite pas à des événements mystiques isolés, mais imprègne tous les aspects de l'existence – de la capacité créatrice exprimée dans l'art et la parole à la flamme intuitive qui révèle des vérités cachées et oriente des décisions spirituelles cruciales. Cette action féminine de la divinité restaure la sacralité de l'intuition et de la sagesse intérieure, reconnaissant que la quête spirituelle n'est pas seulement un processus intellectuel ou doctrinal, mais une plongée profonde dans le ventre de l'âme, où la voix de l'Esprit Saint résonne comme un écho de la voix même de la Monade. Ainsi, reconnaître l'Esprit Saint comme un Éon féminin n'enrichit pas seulement la cosmologie gnostique et le christianisme ésotérique, mais réintègre également le féminin sacré dans la spiritualité occidentale, lui restituant son rôle essentiel de gardienne de la vie spirituelle, de la connaissance intuitive et de la reconnexion amoureuse entre l'âme et son origine divine.

L'interprétation de l'Esprit Saint comme un Éon féminin n'est pas universelle au sein du gnosticisme, mais trouve un écho dans diverses traditions et textes, en particulier dans ceux qui mettent l'accent sur le principe féminin divin et la figure de Sophia. Dans ces contextes, l'Esprit Saint n'est pas seulement la troisième personne de la Trinité, mais plutôt une manifestation spécifique de l'Éon Sophia, ou même un Éon féminin distinct, mais intimement lié à Sophia. Cette perspective ne cherche pas à nier la Trinité, mais plutôt à élargir sa compréhension, révélant la présence et l'action du féminin divin au sein même de l'essence trinitaire.

La nature de l'Esprit Saint, Éon féminin, est intrinsèquement liée à la vie, à la création et à l'inspiration. Elle est considérée comme la force vitale qui anime le cosmos, l'énergie divine qui imprègne toutes les choses vivantes et qui soutient l'existence. Tout comme Sophia est associée à la sagesse divine, l'Esprit Saint, Éon féminin, est lié à la force créatrice et génératrice de la Divinité Suprême, le pouvoir qui donne naissance à de nouvelles formes et qui renouvelle constamment la vie dans l'univers. Cette force vitale n'est pas seulement biologique, mais aussi spirituelle, englobant l'énergie qui impulse la croissance de l'âme, l'éveil de la conscience et la recherche de l'union avec le divin.

L'Esprit Saint, Éon féminin, est également compris comme la source de l'inspiration divine, le pouvoir qui illumine l'esprit, enflamme le cœur et éveille l'intuition. Elle est la voix intérieure qui guide le chercheur spirituel sur le chemin de la Gnose, la force qui pousse à la recherche de la vérité et de la connaissance de soi. L'inspiration de l'Esprit Saint ne se limite pas à des moments de révélation mystique ou d'extase religieuse, mais se manifeste également dans la créativité artistique, la capacité d'aimer, la recherche de la justice et dans toutes les formes d'expression de l'âme humaine qui transcendent la simple matérialité.

L'association de l'Esprit Saint au féminin divin résonne avec des archétypes ancestraux présents dans diverses cultures et religions à travers l'histoire humaine. La figure de la Déesse Mère, de la force génératrice de la nature, de la sagesse féminine et de l'énergie vitale a toujours occupé une place centrale dans l'imaginaire humain, représentant la source de la vie, de la nourriture et de l'inspiration. Interpréter l'Esprit Saint comme un Éon féminin permet de récupérer et de réintégrer ces archétypes au sein du christianisme, enrichissant sa symbolique et élargissant sa capacité à résonner avec l'expérience humaine dans sa totalité.

La relation de l'Esprit Saint, Éon féminin, avec d'autres Éons, et en particulier avec la Divinité Suprême et l'Éon Christ, est un thème complexe et multiforme. Dans certaines perspectives gnostiques, l'Esprit Saint est considéré comme la parèdre divine de la Monade, sa contrepartie féminine qui complète l'unité primordiale. Dans cette vision, la Monade représente le principe masculin divin, transcendant et inconnaissable, tandis que l'Esprit Saint représente le principe féminin divin, immanent et manifestant. L'union de la Monade et de l'Esprit Saint génère la plénitude du Plérôme et donne naissance à l'émanation des autres Éons.

Dans d'autres interprétations, l'Esprit Saint, Éon féminin, est associé plus spécifiquement à l'Éon Christ, formant une syzygie ou union divine qui représente la manifestation de l'amour et de la sagesse dans le royaume spirituel et le monde matériel. Dans cette perspective, Christ est le révélateur de la Gnose et le guide vers la rédemption, tandis que l'Esprit Saint est la force qui inspire, anime et donne du pouvoir à ceux qui cherchent le chemin de la Gnose. L'union de Christ et de l'Esprit Saint reflète la complémentarité entre le principe masculin de la révélation et le principe féminin de l'inspiration et de la vie.

Il est important de noter que l'interprétation de l'Esprit Saint comme un Éon féminin n'implique pas une négation de la masculinité de Dieu le Père ou du rôle masculin de Christ. Il s'agit d'une expansion de la compréhension du divin, qui reconnaît la présence et l'importance à la fois du principe masculin et du principe féminin dans la Divinité Suprême. La Trinité, dans cette perspective, peut être vue comme une expression de l'unité et de la diversité du divin, englobant à la fois les polarités masculines et féminines, et transcendant les limitations d'un langage et d'une symbolique exclusivement masculins.

La pratique spirituelle qui s'inspire de la compréhension de l'Esprit Saint comme un Éon féminin peut inclure diverses formes de dévotion, de méditation et de contemplation. Invoquer l'Esprit Saint féminin comme source de vie et d'inspiration peut renforcer la connexion avec l'énergie vitale et créatrice de l'univers, éveiller l'intuition et la sagesse intérieure, et nourrir l'âme avec la force divine. La méditation sur la nature lumineuse et rayonnante de l'Esprit Saint féminin peut élargir la conscience et ouvrir des canaux de communication avec les dimensions spirituelles supérieures de la réalité. La prière et la contemplation dirigées vers l'Esprit Saint féminin peuvent générer un sentiment d'accueil, de nourriture et d'inspiration divine, renforçant la foi et impulsant le voyage spirituel.

L'exploration de l'Esprit Saint comme un Éon féminin offre une perspective riche et transformatrice sur la nature du divin et l'expérience spirituelle. En récupérant le principe féminin divin et en le réintégrant dans la théologie chrétienne ésotérique, cette interprétation ouvre la voie à une spiritualité plus équilibrée, inclusive et résonnante avec la totalité de l'expérience humaine. L'Esprit Saint, Éon féminin, nous invite à reconnaître la force vitale et inspiratrice qui réside en nous et dans tout l'univers, à éveiller notre intuition et notre sagesse intérieure, et à suivre le chemin de la Gnose avec la force et l'inspiration du féminin divin. La contemplation de l'Esprit Saint comme Éon féminin peut enrichir profondément notre voyage spirituel, nous conduisant à une compréhension plus profonde du mystère divin et à une expérience plus pleine de la présence de Dieu dans nos vies.

Chapitre 11
Création du Monde Matériel

L'émergence du monde matériel, dans le contexte de la cosmologie gnostique, révèle un dédoublement profond de l'ordre divin et de ses conséquences sur le plan de l'existence sensible. Contrairement aux récits traditionnels de la création, qui associent fréquemment l'origine du cosmos à un acte de volonté et de sagesse parfaites de la part d'un Dieu transcendant et bienveillant, la vision gnostique présente une conception où le monde physique naît d'un événement perturbateur, marqué par la déviation, l'ignorance et l'éloignement de la plénitude divine. La réalité matérielle, avec toute sa densité, sa dualité et sa souffrance, ne représente pas une création directe de la Source Suprême, la Monade ou l'Un, mais plutôt le résultat de l'action d'une entité dérivée, le Démiurge, dont l'émergence même est enracinée dans une rupture cosmique et spirituelle. Cet univers tangible est donc une réalité secondaire et déformée, dépourvue de la vraie lumière et de l'harmonie propre au Plérôme – la région spirituelle d'où émanent les Éons, êtres lumineux et aspects de la divinité primordiale elle-même.

La clé pour comprendre ce processus réside dans la chute de l'Éon Sophia, un événement fondamental dans la mythologie gnostique, où le désir intense de connaître et d'atteindre la source du divin, sans la médiation appropriée, conduit à la génération d'une émanation imparfaite. Cette émanation, détachée de l'ordre harmonieux du Plérôme, donne naissance à une entité qui, bien que dotée d'un pouvoir créateur, est dépourvue de la gnose pleine, c'est-à-dire de la connaissance profonde de la véritable nature divine et cosmique. Cette entité est le Démiurge, dont l'ignorance le conduit à croire qu'il est lui-même l'origine et l'apogée de l'existence, devenant ainsi un artisan aveugle qui façonne le monde matériel à partir de sa limitation et de son arrogance. Sa création, par conséquent, reflète l'incomplétude de sa propre essence : un monde fragmenté, marqué par des polarités inconciliables – lumière et ténèbres, esprit et matière, souffrance et quête de sens. Cette vision ne nie pas que la création possède des éléments d'ordre et de beauté, mais ces éléments sont des vestiges dilués de la lumière originelle, qui subsistent même après la chute et la séparation du Plérôme.

Le rôle des Éons, dans ce contexte, n'est pas celui d'agents passifs ou distants par rapport au monde matériel, mais plutôt de puissances actives qui cherchent, de diverses manières, à rétablir la connexion entre l'esprit emprisonné et son origine transcendante. Même si la création du monde physique est attribuée au Démiurge et aux Archontes, les Éons maintiennent leur présence et leur influence, servant de sources d'inspiration spirituelle et de révélation de la Gnose. La révélation gnostique est, en elle-même, une intervention des Éons, dont la lumière pénètre les couches d'illusion érigées par le Démiurge et ses auxiliaires, offrant à l'âme humaine la possibilité de se souvenir de sa véritable origine et de s'éveiller à son essence divine. Ainsi, la création du monde matériel n'est pas seulement une erreur ou un accident cosmique, mais un champ de bataille spirituel où les forces lumineuses et ténébreuses se disputent le destin des étincelles divines emprisonnées dans la chair. La cosmologie gnostique, par conséquent, ne propose pas un rejet simpliste de la matière, mais une vision où le monde physique est un territoire de défi et d'apprentissage, où l'ascension spirituelle et la récupération de l'unité perdue ne deviennent possibles que par la reconnaissance de l'origine véritable et la libération du voile de l'ignorance imposé par la création démiurgique.

La relation entre les Éons et le Démiurge n'est pas une collaboration harmonieuse, mais plutôt une interaction complexe, marquée par une certaine tension et un certain désaccord. Alors que les Éons habitent le Plérôme, le royaume de la lumière, de la vérité et de la perfection, le Démiurge surgit d'une perturbation ou d'une déviation au sein de ce royaume, souvent associée à la chute de l'Éon Sophia. Le Démiurge n'est pas une émanation directe de la Monade, mais plutôt une entité générée à partir d'une émanation inférieure ou imparfaite, dépourvue de la pleine connaissance et de la pleine lumière de la Divinité Suprême. Cette origine différenciée confère au Démiurge une nature distincte des Éons, caractérisée par une certaine ignorance, arrogance et limitation par rapport à la véritable réalité divine.

Le rôle du Démiurge dans la création du monde matériel est central dans la cosmologie gnostique. C'est à lui que l'on attribue la formation du cosmos physique, avec ses cieux, sa terre, ses astres et toutes les créatures qui l'habitent. Cependant, la création du Démiurge n'est pas perçue comme un acte de bonté ou de sagesse divine, mais plutôt comme une conséquence de son ignorance et de sa prétention à être le seul et vrai Dieu. Le Démiurge, ignorant l'existence de la Divinité Suprême et du Plérôme, croit être l'être suprême et s'auto-proclame comme tel, créant le monde matériel comme une sorte d'imitation imparfaite du royaume divin, mais sans la vraie lumière et la perfection du Plérôme.

La création du monde matériel par le Démiurge est décrite comme un processus d'émanation inversée ou déformée, contrairement à l'émanation lumineuse et ascendante des Éons à partir de la Monade. Le Démiurge, dans son ignorance, émane une série d'êtres spirituels inférieurs, les Archontes, qui l'assistent dans la création et le gouvernement du monde matériel. Ces Archontes, tout comme le Démiurge, sont caractérisés par l'obscurité, l'illusion et l'hostilité envers l'humanité et la quête de la Gnose. Ils agissent comme des forces oppressives, cherchant à maintenir l'humanité emprisonnée dans l'ignorance et la souffrance du monde matériel, empêchant l'éveil spirituel et le retour au Plérôme.

Le monde matériel créé par le Démiurge, par conséquent, reflète l'imperfection et l'ignorance de son créateur. C'est un monde marqué par la dualité, le conflit, le changement et la mortalité. La lumière du Plérôme, bien que présente de manière ténue et dispersée, est obscurcie par la densité de la matière et l'influence des Archontes. La souffrance, la douleur, la maladie et la mort sont considérées comme des caractéristiques inhérentes à la condition matérielle, reflets de l'imperfection de la création démiurgique et de la distance du monde matériel par rapport à la plénitude divine.

Au sein de ce monde matériel, l'humanité occupe une position singulière et paradoxale. L'être humain est conçu comme possédant une double nature : un corps matériel, créé par le Démiurge et soumis aux lois du monde matériel, et une étincelle divine, l'esprit ou l'âme, qui provient du Plérôme et est emprisonnée dans la matière. Cette étincelle divine, le pneuma, représente la véritable essence de l'être humain, son lien avec le monde spirituel et sa capacité à atteindre la Gnose et la rédemption. Le Démiurge, ignorant l'origine divine de l'étincelle spirituelle humaine, cherche à la maintenir emprisonnée dans la matière, empêchant son éveil et son retour au Plérôme.

La relation entre les Éons et la création du monde matériel ne se limite pas à l'action du Démiurge. Bien que le Démiurge soit le créateur du monde physique, les Éons jouent un rôle important dans l'économie cosmique, cherchant à atténuer les effets de l'ignorance démiurgique et à offrir à l'humanité la possibilité de la rédemption. L'Éon Christ, en particulier, descend dans le monde matériel avec la mission de révéler la Gnose et d'éveiller les âmes endormies, offrant le chemin de la libération spirituelle et du retour au Plérôme. D'autres Éons agissent également comme guides et auxiliaires, inspirant les chercheurs spirituels, les protégeant des influences négatives des Archontes et les conduisant sur le chemin de la Gnose.

L'action des Éons dans le monde matériel peut être vue comme une tentative de restaurer l'ordre divin et de réparer les dommages causés par la création imparfaite du Démiurge. Les Éons ne cherchent pas à détruire le monde matériel, mais plutôt à le transformer, en l'illuminant avec la lumière de la Gnose et en éveillant l'étincelle divine emprisonnée dans la matière. La rédemption, dans la perspective gnostique, n'implique pas la fuite ou la négation du monde matériel, mais plutôt la transformation de la conscience humaine et l'élévation de l'esprit au-dessus des limitations de la matière.

Il est important de noter que la vision gnostique de la création du monde matériel et du rôle du Démiurge n'est pas une condamnation absolue de la matière ou du monde physique. Bien que le monde matériel soit considéré comme imparfait et marqué par la souffrance, il est également reconnu comme un champ d'expérience et d'apprentissage pour l'âme humaine. Le voyage spirituel gnostique ne se résume pas à échapper au monde matériel, mais plutôt à s'éveiller à la réalité spirituelle au sein du monde matériel, à découvrir l'étincelle divine intérieure et à emprunter le chemin de la Gnose au milieu des illusions et des défis de l'existence terrestre.

La figure du Démiurge, dans sa complexité et son ambiguïté, représente un défi à la vision traditionnelle d'un Dieu créateur bienveillant et omnipotent. La cosmologie gnostique, en attribuant la création du monde matériel à une entité imparfaite et ignorante, soulève des questions profondes sur la nature du mal, de la souffrance et de la liberté humaine. La vision gnostique n'offre pas de réponses faciles ou simplistes, mais invite plutôt à une réflexion profonde sur la condition humaine et la quête d'un sens transcendant dans un monde marqué par l'imperfection et la dualité.

L'exploration de la relation entre les Éons et la création du monde matériel, avec le rôle central du Démiurge, nous permet de pénétrer dans l'un des aspects les plus stimulants et intrigants de la cosmologie gnostique. Comprendre la vision gnostique sur l'origine du monde et la nature du Démiurge est fondamental pour appréhender le message de rédemption et le chemin de la Gnose proposé par le christianisme ésotérique. L'interaction entre les Éons et le Démiurge, dans sa complexité et sa tension, reflète la dynamique de l'univers gnostique, un champ de forces spirituelles en constant mouvement et transformation, où la quête de la lumière et de la vérité se déroule au milieu des ombres de l'ignorance et de l'illusion.

Chapitre 12
Fonctions des Éons

Les Éons, dans leur nature lumineuse et transcendante, émergent du Plérôme comme des expressions vivantes de la plénitude divine, manifestant des aspects essentiels de l'Être Suprême. Ils ne reflètent pas seulement la totalité de la Source Originelle, mais jouent un rôle actif dans le maintien de l'ordre cosmique et dans la transmission de la Gnose, la connaissance qui libère. Distincts dans leurs qualités et leurs fonctions, les Éons opèrent comme des liens entre le domaine absolu de l'esprit et la réalité fragmentée de la matière, servant de guides spirituels et d'archétypes de la vérité et de l'éveil. Leur existence ne se limite pas à la contemplation de la lumière divine ; au contraire, ils sont des agents dynamiques de la création, de la préservation et de la restauration de l'harmonie cosmique. Au cœur de leur action, se trouve l'engagement d'assurer la continuité de l'unité primordiale et d'offrir à l'humanité les moyens de transcender l'ignorance imposée par le monde matériel.

Le rôle des Éons transcende la simple organisation du Plérôme, car leur influence s'étend au cosmos inférieur, où la matière et la dualité règnent. Bien que le monde physique ait été façonné par le

Démiurge, un être limité et éloigné de la sagesse suprême, la présence des Éons résonne comme un appel subtil à la vérité cachée sous les couches d'illusion. Ils opèrent comme des messagers du Plérôme, canalisant des influx spirituels qui pénètrent dans la création démiurgique, offrant une guidance à ceux qui cherchent la connaissance de soi et la libération. Leurs émanations atteignent l'humanité par le biais de révélations mystiques, d'inspirations philosophiques et d'expériences transformatrices, permettant aux individus de s'éveiller à leur vraie nature. Ainsi, les Éons remplissent une fonction pédagogique, aidant au voyage de l'âme vers son origine divine, la conduisant à travers un processus de purification et d'illumination. Chaque acte de Gnose est un reflet de l'influence éonique, un aperçu de la lumière primordiale qui brille encore, même au milieu de l'obscurité de l'existence matérielle.

L'action des Éons dans la rédemption humaine révèle leur compassion et leur implication directe dans la trajectoire des âmes exilées dans le monde inférieur. L'Éon Christ, par exemple, représente la plus pure manifestation de l'amour divin en descendant dans le royaume matériel pour transmettre la connaissance salvatrice. Sa mission n'est pas seulement d'enseigner, mais de rappeler à l'humanité sa véritable essence, la réveillant de la léthargie imposée par les forces de l'oubli. De même, Sophia, dont le parcours tragique reflète la chute et la quête du retour au Plérôme, agit comme un archétype de l'âme dans son voyage de retrouvailles avec la lumière. Son repentir et son désir de restauration résonnent dans l'expérience humaine, devenant un modèle pour ceux qui aspirent à la réintégration avec le divin. La présence des Éons, par conséquent, ne se limite pas au domaine céleste ; ils imprègnent toutes les dimensions de l'existence, offrant des chemins vers la transcendance et réaffirmant que, malgré la séparation illusoire, la connexion avec le Plérôme n'a jamais été complètement perdue.

Une des fonctions primordiales des Éons est l'organisation cosmique. Au sein du Plérôme, les Éons agissent comme des forces harmonisatrices et équilibrantes, maintenant l'ordre divin et garantissant la cohésion et la stabilité du royaume spirituel. Chaque Éon, avec ses attributs et fonctions spécifiques, contribue au réseau complexe de relations et d'interconnexions qui caractérisent le Plérôme. La hiérarchie éonique, avec ses familles, ses ordres et ses relations, reflète l'ordre intrinsèque du cosmos spirituel, une organisation dynamique et fluide, mais fondamentalement harmonieuse. Les Éons, dans leur action conjointe, garantissent que l'énergie divine circule librement à travers le Plérôme, soutenant la vie et la conscience à tous les niveaux du royaume spirituel. Ils agissent comme les rouages d'une machine cosmique parfaite, chacun jouant son rôle avec précision et en synchronie avec les autres, pour le fonctionnement harmonieux de l'ensemble.

La fonction organisatrice des Éons ne se limite pas au Plérôme, s'étendant également, de manière indirecte et médiatisée, au monde matériel. Bien que le monde matériel soit la création du Démiurge imparfait, les Éons exercent une influence subtile et bénéfique sur lui, cherchant à contenir le chaos et l'imperfection inhérents à la création démiurgique. Par leurs émanations et leur influence spirituelle, les Éons cherchent à imprimer un certain ordre et une certaine harmonie dans le monde matériel, guidant les processus naturels, régulant les cycles cosmiques et influençant, de manière discrète, le cours des événements terrestres. Cette influence des Éons sur le monde matériel n'est pas une imposition autoritaire, mais plutôt une persuasion subtile, un appel à l'ordre et à l'harmonie qui résonne dans les profondeurs de la réalité matérielle.

Outre l'organisation cosmique, les Éons jouent également un rôle fondamental dans l'évolution de la conscience. Dans la vision gnostique, la conscience humaine, emprisonnée dans la matière et obscurcie par l'ignorance, possède le potentiel de s'éveiller à sa vraie nature spirituelle et à la réalité divine. Les Éons agissent comme des agents d'éveil, inspirant les chercheurs spirituels, stimulant la quête de la vérité et offrant l'aide nécessaire au voyage de l'âme vers la Gnose. Ils irradient sagesse et discernement, illuminant le chemin de la Gnose et supprimant les obstacles qui se dressent entre l'âme humaine et son union avec le divin. Cette fonction évolutive des Éons se manifeste de diverses manières, depuis l'inspiration artistique et philosophique jusqu'à la révélation mystique et l'expérience directe de la vérité spirituelle.

L'évolution de la conscience, dans la perspective gnostique, n'est pas un processus linéaire et automatique, mais plutôt un voyage complexe et exigeant, qui requiert effort, discernement et persévérance. Les Éons ne forcent pas l'évolution de la conscience, mais offrent l'aide et l'orientation nécessaires à ceux qui choisissent de suivre le chemin de la Gnose. La réponse à l'inspiration et à l'appel des Éons dépend du libre arbitre et de la disposition intérieure de chaque individu. L'évolution de la conscience est donc un processus coopératif, une danse entre l'initiative humaine et la grâce divine, entre l'effort individuel et l'aide des Éons.

La fonction rédemptrice des Éons est peut-être la plus significative et la plus directement liée à la condition humaine. Dans la cosmologie gnostique, l'humanité se trouve dans un état d'exil spirituel, emprisonnée dans la matière et obscurcie par l'ignorance. La rédemption, dans ce contexte, ne se réfère pas principalement à la rémission des péchés ou au salut de la condamnation éternelle, mais plutôt à la libération de l'ignorance, à l'éveil de la conscience spirituelle et au retour à la plénitude du Plérôme. Les Éons, mus par la compassion et l'amour divin, agissent comme des agents de rédemption, offrant à l'humanité la possibilité d'échapper à la captivité de la matière et d'atteindre l'union avec la Divinité Suprême.

L'Éon Christ, en particulier, assume un rôle central dans la rédemption humaine. Descendant du Plérôme dans le monde matériel, Christ révèle la Gnose, la connaissance salvatrice qui libère de l'ignorance et de l'illusion. Il offre un chemin de transformation intérieure, une méthode de connaissance de soi et d'éveil spirituel qui conduit à la rédemption et au retour à l'origine divine. Le message de Christ, dans la perspective gnostique, est un message de libération, d'espoir et de transformation radicale de la conscience. Christ n'enseigne pas seulement le chemin de la rédemption, mais offre également son aide et sa présence spirituelle à ceux qui se consacrent à le suivre. Il est le sauveur gnostique, le rédempteur qui guide les âmes éveillées vers le Plérôme.

La fonction rédemptrice des Éons ne se limite pas à la figure de Christ. D'autres Éons agissent également comme des auxiliaires dans la rédemption humaine, offrant différentes formes d'aide et d'orientation spirituelle. Sophia, la Sagesse Divine, cherche à restaurer l'ordre cosmique et à racheter les étincelles divines emprisonnées dans la matière. L'Esprit Saint, Éon féminin, inspire, anime et donne du pouvoir aux chercheurs spirituels, renforçant leur foi et impulsant leur voyage intérieur. Divers autres Éons agissent comme des guides, des protecteurs et des mentors, offrant sagesse, discernement et force à ceux qui cherchent la Gnose et la rédemption.

L'action des Éons dans la rédemption humaine n'est pas un processus magique ou automatique, mais plutôt un chemin de transformation intérieure qui exige effort, dévouement et persévérance. La Gnose n'est pas un cadeau gratuit ou une grâce divine accordée sans effort, mais plutôt le fruit d'une recherche sincère et d'une pratique spirituelle constante. Les Éons offrent l'aide et l'orientation nécessaires, mais la responsabilité finale du voyage spirituel et de la quête de la rédemption incombe à chaque individu. La rédemption gnostique est donc un processus actif et participatif, une collaboration entre la grâce divine et le libre arbitre humain, entre l'aide des Éons et l'effort individuel.

Les fonctions des Éons, englobant l'organisation cosmique, l'évolution de la conscience et la rédemption humaine, révèlent la profondeur et la complexité de la vision gnostique de l'univers et du rôle de l'humanité en son sein. Les Éons, en tant que forces divines et intelligences cosmiques, agissent de manière constante et dynamique pour maintenir l'ordre cosmique, stimuler l'évolution spirituelle et offrir la possibilité de la rédemption. Comprendre les fonctions des Éons est fondamental pour saisir le message central du christianisme ésotérique et pour suivre le chemin de la Gnose à la recherche de l'union avec le divin. L'action des Éons nous invite à nous éveiller à notre vraie nature spirituelle, à rechercher la connaissance salvatrice et à collaborer avec les forces divines à la restauration de l'harmonie cosmique et à la réalisation de notre destin ultime dans le Plérôme.

Chapitre 13
Éons et le Temps

Au sein du Plérôme, demeure lumineuse et immatérielle où habitent les Éons, le temps n'est pas perçu comme une ligne continue d'événements enchaînés, mais plutôt comme une dimension pleine, immuable et englobante, où passé, présent et futur n'existent pas en tant que catégories séparées. L'existence des Éons se déroule dans une éternité vivante, où tous les aspects de l'être coexistent dans une totalité simultanée et indivisible. Cette éternité n'est pas une suspension statique, mais une vibration incessante de potentialités qui se manifestent sans rupture ni succession, de sorte que chaque Éon contient en lui la plénitude de son essence en parfaite harmonie avec tous les autres. Le Plérôme, de par sa nature même intemporelle, ne connaît pas la fragmentation de l'expérience, caractéristique essentielle de la condition humaine dans le monde inférieur. L'éternité vécue par les Éons est une présence continue et absolue, où il n'y a ni le poids de l'attente de l'avenir ni l'écho mélancolique du passé perdu, mais seulement une présence totale, où chaque instant, si l'on peut l'appeler ainsi, résume et manifeste la totalité de l'être divin.

Ce contraste entre l'éternité éonique et la temporalité linéaire du monde matériel constitue une clé fondamentale pour comprendre le drame existentiel de l'âme humaine, emprisonnée dans un univers régi par la succession implacable des événements et par l'irréversibilité du temps. Dans le cosmos inférieur, façonné par l'ignorance et la séparation, le temps s'impose comme une force d'usure et de limitation, soumettant tout à l'impermanence, au flux continu et à l'impossibilité de retenir le moindre instant. Le temps, dans le monde créé par le Démiurge, n'est pas une simple mesure du changement, mais une manifestation de l'incomplétude même de l'existence matérielle, marquée par des ruptures, des fins et des commencements, en contraste absolu avec la plénitude continue du Plérôme. Cette linéarité temporelle, qui définit l'expérience humaine commune, n'est pas seulement une condition extérieure imposée par l'environnement matériel, mais une structure intérieure de la conscience incarnée elle-même, qui a appris à penser et à ressentir à partir de la division entre passé, présent et futur, devenant prisonnière de cette logique fragmentée.

La Gnose, en tant que révélation et expérience directe de la vérité divine, rompt ce voile de la temporalité et offre à l'âme la possibilité de retrouver en elle-même la présence de l'éternité cachée sous les couches de la perception linéaire. Le voyage spirituel gnostique est, dans une large mesure, un processus de déconstruction de cette tyrannie du temps psychologique et existentiel, permettant au chercheur d'accéder à une dimension de conscience où l'éternité n'est pas une promesse lointaine, mais une réalité déjà présente, palpitante au cœur même de l'être. Cette ouverture à l'éternité éonique, cependant, n'exige pas la négation de la vie terrestre ou la fuite du temps chronologique ; au contraire, elle permet au temps linéaire d'être resignifié, reconnu comme une surface où l'éternité s'insinue en de brèves lueurs, en des instants d'intuition et de révélation. Chaque moment pleinement vécu, chaque éclair de clarté spirituelle, chaque expérience d'intégration profonde entre corps, esprit et âme, devient une porte vers cette éternité sous-jacente. L'âme qui s'éveille à cette réalité simultanée est capable d'habiter le temps sans s'y perdre, reconnaissant le caractère illusoire de son apparente linéarité et percevant, sous le flux incessant des événements, la présence constante de la plénitude immuable, dont les Éons sont les gardiens et les manifestations vivantes.

Dans le royaume du Plérôme, où résident les Éons, le temps prend une qualité radicalement différente de celle que nous expérimentons dans le monde matériel. Pour les Éons, le temps ne se manifeste pas comme une progression linéaire de passé, présent et futur, mais plutôt comme une éternité présente, un état d'être intemporel qui englobe toute l'existence en un seul instant. Dans ce contexte, le temps n'est pas un facteur limitant ou conditionnant, mais plutôt une dimension transcendée, un dépassement de la succession et du changement qui caractérisent la réalité temporelle du monde matériel. L'éternité éonique ne doit pas être confondue avec une simple extension indéfinie du temps linéaire, mais plutôt avec une modalité d'existence qualitativement différente, où la temporalité, telle que nous la comprenons, cesse d'avoir validité.

L'éternité des Éons n'implique pas la stagnation ou l'immobilité, mais plutôt une plénitude dynamique et incessante. Dans le Plérôme, le temps n'est pas un fleuve qui coule dans une direction linéaire, mais plutôt un océan vaste et profond, où toutes les eaux sont interconnectées et présentes simultanément. Les Éons, immergés dans cette éternité présente, expérimentent la totalité de l'existence en un seul maintenant, transcendant la fragmentation et la succession temporelle qui limitent la perception humaine dans le monde matériel. Cette éternité n'est pas vide ou monotone, mais plutôt pleine de vie, de conscience et d'activité divine. Les Éons, dans leur éternité présente, participent à la dynamique incessante du Plérôme, contribuant à l'ordre cosmique et à la manifestation de la volonté divine.

En contraste avec l'éternité éonique, la réalité humaine dans le monde matériel se déroule sous le règne du temps linéaire. Le temps linéaire, tel que nous le percevons et l'expérimentons, est caractérisé par la séquence des événements, par la progression du passé vers le futur à travers le présent, et par l'irréversibilité du flux temporel. Dans cette modalité temporelle, le passé est déjà parti, le futur n'est pas encore arrivé, et le présent s'évanouit continuellement, laissant place à l'instant suivant. Le temps linéaire impose des limites à l'existence humaine, marquant le début et la fin de la vie, le changement et l'impermanence de toutes choses, et l'inévitabilité du vieillissement et de la mort.

La perception linéaire du temps est intrinsèquement liée à notre expérience dans le monde matériel, conditionnée par la corporéité, la sensorialité et le mental rationnel. Nos sens nous présentent un monde en constant changement, où les choses naissent, grandissent, se transforment et disparaissent. Notre mental rationnel, quant à lui, organise l'expérience en catégories temporelles, établissant des relations de cause à effet, projetant le futur à partir du passé et construisant un récit linéaire de notre propre existence et de l'histoire du monde. Le temps linéaire devient ainsi un filtre à travers lequel nous percevons et interprétons la réalité matérielle, façonnant notre conscience et notre expérience du monde.

La quête de la Gnose, dans le contexte du christianisme ésotérique, représente un chemin pour transcender les limitations du temps linéaire et pour entrevoir l'éternité éonique. La Gnose, en tant que connaissance intuitive et transformatrice de la vérité spirituelle, offre à l'âme humaine la possibilité de rompre les liens de la perception temporelle linéaire et d'accéder à une dimension de la conscience qui transcende le temps et l'espace. Par la pratique de la méditation, de la contemplation et de l'intériorisation, le chercheur de la Gnose peut faire taire le mental rationnel, apaiser le flux incessant des pensées et des préoccupations temporelles, et s'ouvrir à l'expérience de l'éternité présente qui réside au plus profond de l'être.

La Gnose, en tant qu'expérience de transcendance temporelle, n'implique pas d'échapper au temps linéaire ou de nier la réalité de l'existence terrestre. Au contraire, la quête gnostique cherche à intégrer l'expérience de l'éternité dans la vie quotidienne, à vivre dans le temps linéaire avec la conscience de l'éternité présente. En entrevoyant l'éternité des Éons, le chercheur de la Gnose peut relativiser l'importance du temps linéaire, reconnaissant sa nature transitoire et illusoire en comparaison avec la réalité éternelle et immuable du Plérôme. Cette perspective relativisée du temps linéaire ne conduit pas à la négligence ou au mépris de la vie terrestre, mais plutôt à une expérience plus pleine et plus consciente du présent, à une valorisation de l'instant fugace et à une compréhension plus profonde de la nature éphémère de l'existence matérielle.

La compréhension de la nature intemporelle des Éons et de notre propre immersion dans le temps linéaire peut transformer notre perspective sur la vie et la spiritualité. Reconnaître que l'éternité n'est pas un avenir lointain ou un royaume inaccessible, mais plutôt une dimension présente et agissante dans notre propre être, peut inspirer une recherche plus profonde de l'expérience mystique et de l'union avec le divin. La pratique spirituelle, dans ce contexte, devient un chemin pour s'éveiller à l'éternité présente, pour cultiver la conscience intemporelle et pour vivre dans le monde linéaire avec la sagesse et la sérénité qui émanent de la compréhension de l'éternité.

Symboliquement, la nature linéaire du temps peut être représentée par une ligne droite, qui s'étend infiniment dans deux directions, représentant le passé et le futur. Cette ligne droite symbolise la séquence, la progression et l'irréversibilité du temps linéaire, sa nature fugace et transitoire. En contraste, l'éternité éonique peut être symbolisée par un cercle, une figure géométrique qui n'a ni début ni fin, qui se referme sur elle-même, représentant la totalité, la plénitude et l'éternité présente. Le cercle symbolise la nature intemporelle et cyclique de la réalité spirituelle, son immuabilité et sa présence constante à chaque instant. L'image du cercle comme symbole de l'éternité éonique peut aider à la méditation et à la contemplation, inspirant l'âme à transcender la linéarité du temps et à rechercher l'union avec le divin intemporel.

L'exploration de la relation entre les Éons et le temps nous invite à repenser notre perception de la réalité et à élargir notre compréhension de la nature du temps. Reconnaître l'existence d'une éternité présente, habitée par les Éons et accessible par la Gnose, peut transformer notre expérience du temps linéaire, lui conférant une nouvelle signification et une nouvelle profondeur. Le voyage spirituel gnostique, dans sa quête de l'union avec le divin intemporel, représente un chemin pour transcender les limitations de l'existence terrestre et pour entrevoir l'éternité qui réside au cœur de l'être. La contemplation de l'éternité éonique peut enrichir profondément notre vie, nous inspirant à vivre dans le présent avec plus de plénitude, de conscience et de sérénité, et à suivre le chemin de la Gnose à la recherche de l'union avec la Divinité Suprême, qui transcende le temps et embrasse toute l'éternité.

Chapitre 14
Variations Éoniques

La diversité des systèmes gnostiques se manifeste de manière particulièrement riche et révélatrice dans la façon dont différentes écoles ont conçu, nommé et organisé les Éons, entités spirituelles qui habitent le Plérôme et personnifient des aspects fondamentaux de la plénitude divine. Cette pluralité d'approches n'est pas le fruit d'une contradiction ou d'une fragmentation arbitraire, mais bien l'expression de la nature dynamique et fluide de la pensée gnostique elle-même, qui s'adapte aux traditions, aux courants philosophiques et aux besoins spirituels de chaque communauté gnostique. Ainsi, au lieu d'un panthéon fixe et uniforme, on observe une multiplicité de constellations éoniques, où chaque système gnostique façonne sa propre architecture céleste, reflétant différentes compréhensions de l'origine, de la structure et du but du cosmos spirituel. Cette variation, loin d'affaiblir l'unité de la pensée gnostique, révèle sa capacité à dialoguer avec différentes cultures et à réinterpréter continuellement ses visions du divin, de l'âme et du chemin de la rédemption.

Dans les systèmes gnostiques liés à la tradition valentinienne, les Éons sont présentés de manière détaillée et hautement ordonnée, formant une chaîne d'émanations qui partent de la profondeur insondable du Père Suprême jusqu'aux limites extérieures du Plérôme. Chaque Éon est conçu comme une manifestation complémentaire d'un autre, configurant des paires ou syzygies qui symbolisent l'équilibre entre les principes masculins et féminins au cœur de la réalité divine. Cette conception dynastique et relationnelle met l'accent sur l'harmonie et l'interdépendance de toutes les émanations, soulignant la manifestation progressive de la divinité à travers un processus d'auto-connaissance et d'auto-expression. En revanche, dans le séthianisme, la structure éonique est moins hiérarchique et plus centrée sur une triade primordiale – Père, Mère et Fils – où Barbelo, la Mère Divine, assume un rôle central en tant que matrice cosmique et source de toutes les émanations subséquentes. Dans ce contexte, les Éons séthiens sont moins nombreux et moins rigoureusement organisés, reflétant une conception plus mythique et moins systématique de la réalité spirituelle, où le mystère de l'émanation divine est privilégié par rapport à la construction d'un ordre généalogique méticuleux.

Ces variations ne se limitent pas à la quantité ou à l'organisation interne des Éons, mais se reflètent également dans les attributs, les fonctions et les symbolismes qui leur sont associés. Dans les systèmes valentiniens, chaque Éon représente une qualité divine spécifique, comme la Vérité, la Grâce, l'Intelligence ou l'Union, composant une sorte de vocabulaire sacré qui exprime la totalité des puissances spirituelles du Plérôme. Dans le séthianisme, en revanche, les Éons assument souvent des noms et des fonctions liés à des archétypes cosmiques et mythologiques, comme l'Occulte (Kalyptos) ou l'Autogénéré (Autogénès), suggérant une cosmologie où les Éons jouent des rôles actifs dans le drame cosmique de la chute et de la rédemption. Cette plasticité conceptuelle démontre comment la pensée gnostique a été capable de réinterpréter et de resignifier continuellement la fonction des Éons, en les adaptant aux besoins symboliques et spirituels de différentes communautés. Cette fluidité a permis au concept d'Éons de servir de pont entre l'expérience mystique individuelle et la spéculation métaphysique collective, fournissant un langage symbolique capable d'exprimer à la fois les visions théologiques les plus abstraites et les expériences spirituelles les plus intimes.

Ainsi, la diversité éonique dans les systèmes gnostiques ne représente pas un obstacle à la compréhension de la doctrine, mais plutôt un témoignage de sa vitalité créatrice et de son ouverture à la multiplicité des perspectives et des interprétations. Chaque école gnostique, en réorganisant et en renommant les Éons, ne compose pas seulement une nouvelle carte cosmique, mais offre une clé de lecture spécifique pour le drame de l'âme humaine dans son exil et dans sa quête de retour au divin. La variation des Éons est donc une expression directe de la vision gnostique selon laquelle le divin est inépuisable et que chaque tentative de le nommer ou de décrire ses émanations n'est qu'une facette partielle d'une vérité plus grande, toujours ouverte à de nouvelles révélations et à de nouveaux chemins de compréhension. Comprendre cette pluralité éonique, c'est reconnaître la pensée gnostique comme un champ fertile de dialogue entre tradition et innovation, entre mythe et philosophie, entre expérience personnelle et vision cosmique, où le divin se révèle non pas comme une vérité unique et immuable, mais comme une infinie possibilité d'émanation et de retour.

Dans le panorama gnostique, le système valentinien, issu des enseignements de Valentin d'Alexandrie au IIe siècle après J.-C., se distingue par sa cosmologie éonique élaborée et raffinée. Valentin et ses disciples ont développé un système complexe d'émanations divines, détaillant la généalogie et les relations entre les Éons de manière minutieuse. Dans le système valentinien, le Plérôme est structuré comme une hiérarchie dynastique, avec des paires d'Éons (syzygies) émanant les uns des autres dans une progression descendante, depuis les principes primordiaux jusqu'aux manifestations les plus éloignées de la Divinité Suprême.

Au sommet de la hiérarchie valentinienne réside la première syzygie, composée du Père Ineffable ou Profondeur (Bythos) et de la Pensée (Ennoia ou Sigé, Silence). Bythos représente le principe primordial, transcendant et inconnaissable de la Divinité Suprême, tandis qu'Ennoia est sa pensée ou conscience primordiale, le principe féminin qui le complète. De cette première syzygie émane la seconde, constituée par l'Esprit (Nous ou Monogène, Unique-Engendré) et la Vérité (Alétheia). Nous représente l'intelligence divine, la capacité de connaître et de discerner, tandis qu'Alétheia est la vérité primordiale, la connaissance parfaite de la réalité divine.

À partir de la syzygie de Nous et Alétheia, émanent d'autres syzygies, chacune manifestant des attributs et des fonctions spécifiques au sein du Plérôme. Ces émanations se poursuivent en progression géométrique, formant une hiérarchie complexe de trente Éons (dans certaines versions, trente-deux), disposés en divers ordres et groupements. Parmi les Éons valentiniens les plus connus, on peut citer le Verbe (Logos) et la Vie (Zoé), l'Homme (Anthropos) et l'Église (Ecclesia), le Christ et le Saint-Esprit, la Foi (Pistis) et l'Espérance (Elpis), la Charité (Agapé) et la Perfection (Teleiosis), parmi beaucoup d'autres. Chaque Éon valentinien personnifie une qualité divine, un aspect de la perfection et de la plénitude du Plérôme, contribuant à la richesse et à la complexité du royaume spirituel.

Contrairement à la hiérarchie valentinienne élaborée, le système séthien, issu de groupes gnostiques qui se revendiquaient descendants de Seth, le troisième fils d'Adam, présente une cosmologie éonique avec des caractéristiques distinctes. Le séthianisme, dont les textes ont été trouvés à Nag Hammadi, met l'accent sur la figure de Seth comme ancêtre spirituel de la lignée gnostique et présente une cosmogonie qui s'éloigne à certains égards de la vision valentinienne. Bien que le concept d'Éons soit également présent dans le séthianisme, l'organisation hiérarchique et la nomenclature de ces êtres spirituels diffèrent significativement.

Dans le système séthien, la Divinité Suprême est souvent désignée comme l'Esprit Invisible et Ineffable, ou simplement le Père. De cette source primordiale émane une triade d'êtres primordiaux : le Père, la Mère et le Fils. La Mère, dans le séthianisme, assume un rôle prééminent, souvent identifiée à Barbelo, un Éon féminin primordial associé à la sagesse divine et à la force créatrice. Barbelo est considérée comme la première émanation du Père, son image parfaite et le principe féminin qui le complète. Le Fils, dans la triade séthienne, est généralement identifié à Autogénès (Auto-Engendré) ou Christ, représentant la manifestation de l'intelligence et de la lumière divine dans le Plérôme.

À partir de cette triade primordiale séthienne, émanent d'autres générations d'Éons, formant une hiérarchie moins élaborée et moins dynastique que la valentinienne. Le système séthien tend à mettre l'accent sur l'unité et la transcendance de la Divinité Suprême, avec un nombre moindre d'Éons et une moindre insistance sur la généalogie et les relations familiales entre eux. Certains Éons séthiens proéminents incluent Kalyptos (l'Occulte), Protophanès (Première Manifestation), Triploprópros (Triplement Providentiel) et bien d'autres, chacun avec des attributs et des fonctions spécifiques au sein de la cosmologie séthienne.

En comparant les hiérarchies éoniques valentinienne et séthienne, certaines similitudes et différences notables émergent. Les deux systèmes partagent la croyance fondamentale en des Éons comme émanations de la Divinité Suprême, habitants du Plérôme et intermédiaires entre le monde transcendant et le monde matériel. Les deux systèmes reconnaissent également l'existence d'une hiérarchie d'êtres spirituels, avec différents niveaux de proximité avec la Divinité Suprême et différentes fonctions au sein de l'ordre cosmique. La présence d'Éons tels que le Christ et Sophia, bien qu'avec des nuances d'interprétation différentes, est également un trait commun aux deux systèmes.

Cependant, les différences entre les hiérarchies éoniques valentinienne et séthienne sont également significatives. Le système valentinien se distingue par son élaboration et son détail généalogique, avec un plus grand nombre d'Éons organisés en syzygies et hiérarchies complexes. Le séthianisme, pour sa part, présente une hiérarchie plus simplifiée, avec un nombre moindre d'Éons et une emphase sur la triade primordiale Père-Mère-Fils. La nomenclature des Éons varie également considérablement entre les deux systèmes, reflétant différentes emphases théologiques et cosmologiques. Alors que le système valentinien tend à mettre l'accent sur la procession graduelle et hiérarchique de l'émanation divine, le séthianisme semble privilégier l'unité et la transcendance de la Divinité Suprême et le rôle primordial de la Mère Divine, Barbelo.

Les variations éoniques dans différents systèmes gnostiques peuvent être attribuées à divers facteurs, notamment différentes interprétations des Écritures, diverses influences philosophiques et l'évolution historique de la pensée gnostique au fil du temps. Les différentes communautés gnostiques, dispersées dans diverses régions du monde antique, ont développé leurs propres interprétations et élaborations de la cosmologie éonique, reflétant leurs contextes culturels, leurs préoccupations théologiques et leurs expériences spirituelles spécifiques. La diversité éonique est donc un témoignage de la richesse et de la vitalité de la pensée gnostique, de sa capacité à s'adapter et à s'exprimer de multiples façons, tout en préservant un noyau commun d'idées et de principes.

Au-delà des systèmes valentinien et séthien, d'autres écoles et courants gnostiques ont également présenté des variations dans leurs hiérarchies éoniques. Le système basilidien, par exemple, développé par Basilide d'Alexandrie au IIe siècle après J.-C., a proposé une cosmologie éonique encore plus complexe et élaborée que la valentinienne, avec un nombre encore plus grand d'Éons et des hiérarchies complexes. D'autres courants gnostiques, tels que le mandéisme et le manichéisme, bien qu'ils ne s'inscrivent pas parfaitement dans la catégorie du gnosticisme chrétien, ont également développé des systèmes cosmologiques avec des entités spirituelles intermédiaires qui peuvent être comparées, dans une certaine mesure, aux Éons gnostiques.

La vision comparative des variations éoniques dans différents systèmes gnostiques nous permet d'apprécier la richesse et la diversité de la pensée gnostique et sa capacité à générer de multiples interprétations et élaborations de la cosmologie spirituelle. Reconnaître ces variations est essentiel pour éviter les généralisations excessives et pour comprendre la complexité et la nuance de l'héritage gnostique. La diversité éonique n'affaiblit pas la notion centrale d'Éons comme émanations divines, mais l'enrichit plutôt, révélant les multiples facettes et les possibilités infinies d'expression du divin dans l'univers gnostique. L'exploration des variations éoniques est donc un chemin vers une compréhension plus profonde et plus complète de la pensée gnostique et de sa vision singulière de la réalité spirituelle.

Chapitre 15
Critiques du Concept

Dès ses premières formulations dans les traditions gnostiques, le concept d'Éons a suscité autant de fascination que de résistance, particulièrement lorsqu'il a été confronté à l'orthodoxie chrétienne émergente et à ses efforts pour consolider une vision théologique unifiée et monothéiste. Les Éons, conçus comme des émanations de la Divinité Suprême et habitants d'une sphère de plénitude spirituelle, présentaient une structure cosmologique qui défiait la simplicité et l'unicité de Dieu, fondements centraux de la foi chrétienne naissante. Alors que pour les gnostiques, les Éons représentaient des aspects de la divinité elle-même dans son déploiement créateur, pour les penseurs chrétiens orthodoxes, cette multiplicité de puissances spirituelles fut rapidement interprétée comme une forme voilée de polythéisme, une fragmentation inadmissible de l'unité divine. Le fait même que le Plérôme soit habité par des émanations hiérarchisées et polarisées en couples masculin-féminin fut lu comme une rupture de la simplicité divine, qui, selon la théologie orthodoxe, n'avait pas besoin de dédoublements ou de compléments internes pour exprimer sa plénitude et sa perfection.

Au-delà de l'accusation de diluer l'unité divine, le concept d'Éons a été critiqué pour impliquer une vision de la création et du cosmos radicalement différente de la doctrine de la création *ex nihilo*. Au lieu d'affirmer un acte créateur direct, libre et souverain, la cosmologie gnostique postulait un processus d'émanations successives, où chaque Éon, en surgissant, portait avec lui une légère dégradation ou un éloignement par rapport à la plénitude originelle. Cette vision cyclique et descendante de la création non seulement contrastait avec l'idée d'un univers créé comme essentiellement bon, mais introduisait également une gradation ontologique qui compromettait l'égalité fondamentale de toutes les créatures devant le Créateur. Les Pères de l'Église, en particulier Irénée de Lyon, ont combattu cette notion en défendant une relation directe et personnelle entre Dieu et la création, sans la nécessité d'intermédiaires divins ou de hiérarchies spirituelles qui filtreraient ou limiteraient le contact entre Créateur et créature. L'existence des Éons était donc considérée comme une complication inutile et théologiquement dangereuse, qui éloignait l'homme de la confiance en un Dieu accessible et immanent, remplaçant cette relation directe par un réseau de puissances et de barrières qui distanciaient l'âme de son Créateur.

Si, historiquement, le concept d'Éons a été rejeté comme hérétique et incompatible avec la vision chrétienne orthodoxe, la pensée moderne et contemporaine, en particulier dans les domaines de la psychologie des profondeurs, de la philosophie de la religion et de la spiritualité ésotérique, a apporté une revalorisation symbolique et archétypale de ces mêmes Éons. Pour des penseurs comme Carl Jung, les Éons ont cessé d'être uniquement des entités métaphysiques pour être compris comme des représentations archétypales de dynamiques psychiques fondamentales. Dans ses recherches sur l'alchimie et le gnosticisme, Jung a vu dans les Éons des personnifications symboliques des processus d'individuation, où la psyché cherche à intégrer et à équilibrer ses polarités internes – masculin et féminin, conscient et inconscient, lumière et ombre. Dans cette clé psychologique, les Éons sont devenus des miroirs des structures internes de l'âme humaine, des cartes symboliques de la quête de totalité et de sens, traduisant en images mythologiques les mêmes processus qui, dans le champ de la psychologie analytique, émergent comme des crises existentielles, des transformations d'identité et des processus de connaissance de soi.

Ce sauvetage symbolique du concept d'Éons a permis que, même en dehors du contexte gnostique originel, ces entités spirituelles soient réinterprétées comme des archétypes universels, présents dans de multiples cultures et traditions spirituelles. Dans les mouvements ésotériques contemporains et dans ce qu'on appelle la spiritualité du Nouvel Âge, les Éons ont été réintroduits comme des intelligences cosmiques, des guides spirituels ou des manifestations de qualités divines accessibles à la conscience humaine par le biais de pratiques méditatives, de visions mystiques ou de rituels d'invocation. Cette appropriation moderne n'a pas seulement assoupli le concept, l'adaptant à différents langages spirituels et philosophiques, mais a également renforcé son actualité en tant que symbole d'une réalité spirituelle qui transcende les dogmes et les systèmes religieux fixes. Ainsi, même s'il a fait l'objet de critiques historiques et théologiques sévères, le concept d'Éons demeure vivant comme une expression plastique et dynamique de l'éternelle quête humaine pour comprendre son origine divine, sa fragmentation existentielle et le chemin du retour à la source primordiale, qu'elle soit décrite comme Plérôme, Soi ou Conscience Cosmique.

Les critiques historiques du concept d'Éons sont nées principalement au sein du christianisme orthodoxe, à partir du IIe siècle après J.-C., lorsque les Pères de l'Église, tels qu'Irénée de Lyon, Hippolyte de Rome et Tertullien, se sont consacrés à réfuter les doctrines gnostiques considérées comme hérétiques et déviantes de la foi chrétienne authentique. Ces polémistes chrétiens, dans leurs œuvres de combat contre la gnose, ont adressé des critiques cinglantes au concept d'Éons, remettant en question sa validité théologique et sa compatibilité avec le message évangélique. Les critiques orthodoxes des Éons se sont concentrées sur plusieurs points cruciaux de la cosmologie gnostique.

L'un des principaux points de critique orthodoxe des Éons concerne leur origine et leur nature par rapport à la Divinité Suprême. Les Pères de l'Église soutenaient que l'émanation des Éons à partir de la Monade, telle que décrite par les gnostiques, compromettait l'unité et la simplicité de Dieu, introduisant une hiérarchie complexe et potentiellement divisive au sein même de l'essence divine. Pour les orthodoxes, Dieu est un et indivisible, le créateur absolu de toutes choses à partir du néant, et non une source primordiale qui émane une série d'êtres spirituels intermédiaires. L'émanation des Éons était considérée comme une forme de polythéisme déguisé ou comme une dilution de la divinité, incompatible avec la foi monothéiste et avec la doctrine de la création *ex nihilo*.

Une autre critique orthodoxe pertinente des Éons concerne leur rôle dans la création du monde matériel et la figure du Démiurge. Les Pères de l'Église rejetaient la vision gnostique d'un monde matériel créé par une entité imparfaite et ignorante de la véritable Divinité Suprême, arguant que Dieu, étant bon et omnipotent, est le seul créateur de l'univers, y compris le monde spirituel et le monde matériel. La dualité gnostique entre un Dieu transcendant et bon et un Démiurge créateur et imparfait était considérée comme hérétique, car elle impliquait une division dans la divinité et une vision pessimiste de la création, incompatible avec la bonté et la providence divines. L'identification du Démiurge avec le Dieu de l'Ancien Testament, présente dans certaines branches gnostiques, était également fortement critiquée par les orthodoxes, qui défendaient l'unité et la continuité entre le Dieu de l'Ancien et du Nouveau Testament.

Outre les critiques théologiques, les Pères de l'Église remettaient également en question la validité des sources gnostiques, telles que les Évangiles Apocryphes et les textes gnostiques en général, considérés comme apocryphes, tardifs et dépourvus d'autorité apostolique. Les textes gnostiques étaient considérés comme des œuvres de sectes hérétiques, destinées à détourner les fidèles de la vraie foi chrétienne et à propager des doctrines fausses et trompeuses. L'autorité des écritures canoniques, de l'Ancien et du Nouveau Testament, était opposée à la prétendue fausseté et fragilité des sources gnostiques, considérées comme indignes de crédit et contraires à la tradition apostolique.

Malgré les critiques historiques, le concept d'Éons ressurgit dans la pensée moderne, trouvant de nouvelles interprétations et applications dans divers domaines du savoir et de la spiritualité. En philosophie, le concept d'Éon a été repris par des penseurs qui cherchent des alternatives au paradigme mécaniste et réductionniste de la science moderne, proposant des visions du monde plus organiques, holistiques et animistes. Certains philosophes contemporains, inspirés par la pensée d'auteurs tels que Carl Jung et Mircea Eliade, explorent le concept d'Éon comme un archétype primordial de la conscience humaine, un symbole de la totalité psychique et de la quête de sens et de transcendance. Dans cette perspective, les Éons ne sont pas nécessairement des entités spirituelles réelles, mais plutôt des représentations symboliques de forces et de processus psychiques profonds, qui agissent dans l'inconscient collectif et qui façonnent l'expérience humaine.

En psychologie, en particulier dans la psychologie analytique de Jung, le concept d'Éon trouve une résonance dans la notion d'archétypes et de symboles collectifs. Jung, influencé par le gnosticisme et l'hermétisme, a reconnu l'importance des symboles et des images archétypiques dans la dynamique de la psyché humaine et dans le voyage d'individuation. Le concept d'Éon, pour Jung, peut être vu comme un archétype de la totalité, de l'intégration des opposés et de la quête de l'unité psychique. La figure du Christ, en tant qu'Éon sauveur dans la gnose, est interprétée par Jung comme un archétype central de la psyché humaine, un symbole du Soi, le centre intégrateur de la personnalité totale. La psychologie jungienne, en explorant les symboles et les archétypes gnostiques, contribue à une compréhension plus profonde de la dimension symbolique et archétypale du concept d'Éons.

Dans la spiritualité contemporaine, le concept d'Éons a été repris et réinterprété dans divers courants et mouvements, depuis la spiritualité du Nouvel Âge jusqu'au néo-gnosticisme et à l'ésotérisme moderne. Dans certains contextes, les Éons sont considérés comme des êtres spirituels réels, des hiérarchies d'intelligences cosmiques qui agissent comme des guides et des auxiliaires dans le voyage spirituel. Dans d'autres contextes, les Éons sont interprétés de manière plus symbolique et métaphorique, comme des représentations de qualités divines, de forces archétypiques ou d'aspects de la conscience cosmique. La recherche de la connexion avec les Éons, par la méditation, la visualisation créatrice ou des pratiques rituelles, devient un chemin pour élargir la conscience, accéder à la sagesse intérieure et vivre la présence du divin dans la vie quotidienne.

La pertinence et la valeur de l'étude des Éons au XXIe siècle résident dans leur capacité à offrir une perspective alternative et enrichissante sur la spiritualité, la cosmologie et la condition humaine. Dans un monde marqué par le matérialisme, le rationalisme et la fragmentation, le concept d'Éons nous invite à redécouvrir la dimension mystique et symbolique de la réalité, à reconnaître l'existence de plans de conscience plus vastes et plus profonds, et à rechercher une connexion plus directe et plus significative avec le divin. L'étude des Éons peut contribuer à une revitalisation de la spiritualité face aux défis contemporains, offrant un chemin pour la quête de sens, pour la transformation intérieure et pour la reconnexion avec notre propre essence divine. Malgré les critiques historiques et les différentes interprétations modernes, le concept d'Éons demeure un héritage riche et inspirant du christianisme ésotérique, une invitation à l'exploration des profondeurs de la conscience et à la quête de l'union avec le mystère ultime de l'existence.

Chapitre 16
La Mission Rédemptrice du Christ

La manifestation du Christ en tant qu'Éon Sauveur apparaît comme un jalon décisif dans la trajectoire spirituelle de l'humanité, introduisant une dynamique rédemptrice qui transcende les conceptions traditionnelles du salut liées à la culpabilité, au péché et à la nécessité d'expiation. Le Christ, dans ce contexte ésotérique et gnostique, se présente comme une émanation directe de la plénitude divine, le Plérôme, portant en son essence la lumière primordiale et la connaissance transcendante capable de briser les chaînes de l'ignorance qui maintiennent les âmes captives dans la matérialité. Sa venue ne représente pas seulement la descente d'un envoyé divin pour accomplir une prophétie historique, mais plutôt l'irruption d'une présence cosmique qui introduit dans le monde déchu la possibilité réelle de réintégration au divin. Ce Christ, revêtu de la lumière ineffable du Plérôme, n'est pas une figure distante ou inaccessible, mais un médiateur cosmique dont la mission est d'éveiller ce qu'il y a de divin endormi en chaque âme, lui rappelant son origine céleste et la conduisant de retour à la source éternelle. Ainsi, sa mission rédemptrice ne se limite pas à des événements historiques ou à des rituels extérieurs, mais se déroule dans l'intimité de chaque être humain, dans l'éveil de son étincelle divine et dans la reconnaissance progressive de sa véritable identité spirituelle.

En assumant sa mission dans le monde matériel, le Christ ne se limite pas à enseigner des doctrines ou des préceptes moraux, mais incorpore dans sa propre manifestation la révélation de la Gnose, la connaissance secrète et transformatrice qui conduit l'âme à la libération. Sa présence est, en soi, une rupture dans le tissu de la réalité illusoire, une déchirure lumineuse qui permet aux âmes capturées par l'ignorance et l'oubli d'entrevoir la vérité essentielle cachée sous les couches de conditionnement et de souffrance. L'action du Christ en tant qu'Éon Sauveur transcende la parole écrite et la tradition orale ; il agit comme un pont vivant entre le Plérôme et le monde déchu, offrant à chaque âme la possibilité d'accéder directement à la lumière primordiale, sans intermédiaires ni structures religieuses rigides. Sa rédemption ne consiste pas à satisfaire une justice divine extérieure ou à racheter l'humanité d'une condamnation éternelle, mais à dissoudre les illusions qui soutiennent la souffrance humaine et le cycle incessant de naissance et de mort, permettant à chaque être de reconnaître sa filiation divine et de retourner, conscient et éveillé, à la communion avec l'Ineffable.

La mission rédemptrice du Christ, par conséquent, se révèle comme un voyage intérieur d'auto-connaissance et d'éveil spirituel, où chaque âme est appelée à transcender les illusions de l'ego et du monde sensoriel pour se reconnaître comme expression directe de la lumière divine. Cette rédemption, fondée sur la

Gnose, ne dépend pas de croyances extérieures ou de l'adhésion à des dogmes et rituels, mais de l'expérience directe de la vérité spirituelle que le Christ incarne et révèle. Il est à la fois maître, chemin et présence rédemptrice, s'offrant comme miroir lumineux dans lequel chaque âme peut entrevoir sa propre essence divine. À travers cette reconnaissance, l'âme retrouve sa mémoire primordiale, se souvient de sa véritable origine et entame le processus d'ascension spirituelle, retournant au Plérôme par la voie de la connaissance et de l'intégration au divin. En ce sens, la mission rédemptrice du Christ Éon Sauveur n'est pas seulement un événement historique localisé, mais une invitation permanente et intemporelle à l'humanité à s'éveiller de son sommeil existentiel, à reconnaître l'étincelle divine en elle-même et, par le biais de la Gnose, à se réintégrer consciemment à la plénitude de l'Être absolu.

La nature divine du Christ, en tant qu'Éon Sauveur, réside dans son origine primordiale dans le Plérôme, le royaume de la plénitude divine. Dans la cosmologie gnostique, le Christ n'est pas une créature ou un être créé, mais bien une émanation de la Divinité Suprême elle-même, partageant sa nature éternelle et immuable. Cette origine divine confère au Christ une autorité et un pouvoir uniques, le situant à un niveau supérieur à toutes les créatures du monde matériel et même aux autres hiérarchies spirituelles inférieures au Plérôme. Le Christ, en tant qu'Éon, existe depuis avant la création du monde matériel, habitant le royaume de la lumière incréée et participant à la plénitude divine dans son origine primordiale. Sa venue dans le monde matériel, par conséquent, n'est pas une incarnation au sens traditionnel, mais bien une manifestation, une descente de sa présence divine dans un contexte temporel et matériel, avec un dessein rédempteur spécifique.

Le rôle du Christ en tant qu'Éon Sauveur se manifeste de façon primordiale dans sa mission rédemptrice. Dans la perspective gnostique, la rédemption de l'humanité ne se réfère pas principalement au salut de la condamnation éternelle ou à la rémission des péchés à travers le sacrifice vicaire, mais bien à la libération de l'ignorance et de l'illusion qui emprisonnent l'âme humaine dans le monde matériel. L'humanité, dans la vision gnostique, se trouve dans un état d'exil spirituel, oublieuse de sa véritable nature divine et aliénée de son origine dans le Plérôme. La mission du Christ en tant qu'Éon Sauveur est d'éveiller la conscience humaine à cette réalité, de révéler la Gnose, la connaissance salvatrice, et d'offrir le chemin du retour au royaume de la lumière.

La rédemption offerte par l'Éon Christ n'est donc pas un salut "de" quelque chose d'extérieur, comme le péché ou la colère divine, mais bien un salut "pour" quelque chose d'intérieur, l'éveil de la conscience et la réalisation de l'identité divine. Le Christ ne se sacrifie pas pour apaiser la justice divine ou pour payer une dette contractée par l'humanité, mais se manifeste dans le monde pour transmettre la Gnose, la connaissance qui libère l'âme de l'ignorance et la reconduit à son origine primordiale. La rédemption gnostique est, essentiellement, un processus d'auto-connaissance, de découverte de l'étincelle divine intérieure et d'ascension de la conscience vers les dimensions spirituelles supérieures de la réalité. Le Christ, en tant qu'Éon Sauveur, est le guide et le facilitateur de ce processus, le maître qui révèle le chemin et le compagnon qui accompagne le voyage de l'âme en quête de la Gnose.

Le message du Christ, dans la perspective gnostique, est centré sur la révélation de la Gnose comme chemin de libération spirituelle. Les enseignements du Christ, préservés dans les textes gnostiques, ne se limitent pas à des préceptes moraux ou à des dogmes religieux, mais bien à des principes et des intuitions qui visent à éveiller la conscience et à illuminer l'esprit à la vérité spirituelle. Le Christ invite à la recherche intérieure, à l'auto-connaissance, à la contemplation et à l'expérience mystique comme voies d'accès à la Gnose et à la rédemption. Son message est un appel à la transformation radicale de la conscience, à un changement de perspective qui transcende la vision limitée et illusoire du monde matériel et s'ouvre à la vastitude et à la profondeur de la réalité spirituelle. Le salut, dans le message du Christ Éon Sauveur, est un état d'être, une condition de conscience éveillée et illuminée, atteinte à travers la Gnose et l'union avec le divin.

Il est important de contraster la mission rédemptrice de l'Éon Christ avec la vision prédominante de la rédemption dans le christianisme exotérique ou orthodoxe. Alors que le christianisme orthodoxe met l'accent sur la foi en Christ comme sacrifice expiatoire, la grâce divine comme don immérité et la participation aux sacrements comme moyens de salut, le christianisme ésotérique, à travers la figure de l'Éon Christ Sauveur, propose un chemin de rédemption intrinsèquement lié à la connaissance, à l'expérience mystique et à la transformation intérieure. La Gnose, et non la foi dogmatique ou la simple observance rituelle, émerge comme l'élément central de la sotériologie gnostique. La rédemption n'est pas vue comme un événement extérieur ou un acte juridique de pardon divin, mais bien comme un processus interne d'éveil de la conscience et de réalisation de la nature divine de l'âme.

La figure du Christ en tant qu'Éon Sauveur, par conséquent, représente une perspective singulière et enrichissante sur la rédemption dans le contexte chrétien. Elle offre un chemin de salut qui valorise la recherche de la connaissance, l'expérience mystique et la transformation de la conscience, résonnant avec la soif humaine de transcendance et d'un sens plus profond dans la vie. Le message du Christ Éon Sauveur invite à aller au-delà des formes extérieures de la religion, à rechercher l'expérience directe de la vérité spirituelle et à parcourir le chemin de la Gnose en direction de la libération et de l'union avec la Divinité Suprême. La compréhension du Christ en tant qu'Éon Sauveur ouvre de nouvelles avenues pour l'exploration de la foi chrétienne, dévoilant des dimensions mystiques et ésotériques qui enrichissent son message et élargissent son potentiel transformateur. La figure du Christ Éon Sauveur demeure un guide lumineux dans le voyage de l'âme en quête de la Gnose et de la rédemption spirituelle, offrant une vision d'espérance et de libération pour l'humanité emprisonnée dans l'illusion du monde matériel.

Chapitre 17
Le Christ dans la Hiérarchie Éonique

Le Christ occupe une position d'une profonde signification au sein de la structure du Plérôme, non seulement en tant qu'Éon parmi d'autres, mais comme une expression directe de la volonté divine de ramener les émanations perdues à leur état originel de plénitude. Dans son essence primordiale, le Christ incarne le pont même entre l'infinité de la Source Suprême et la multiplicité des Éons, étant porteur non seulement de la lumière de la connaissance divine, mais aussi de la capacité de réintégrer le fragmenté à l'Un. Sa position dans le Plérôme n'est pas une simple question de hiérarchie, mais reflète la fonction cosmique qu'il doit accomplir : restaurer l'harmonie là où le déséquilibre s'est installé, révéler le chemin de l'ascension spirituelle et agir comme l'écho vivant de l'esprit divin. Cette centralité fonctionnelle du Christ ne le place pas dans une position de tyrannie spirituelle ou de suprématie autoritaire, mais comme un axe axial par lequel les autres émanations spirituelles peuvent se réaligner avec leur origine. Il est, simultanément, le reflet parfait de l'Unité au sein de la pluralité et la main tendue de la plénitude pour racheter ce qui est tombé dans l'oubli et la dispersion.

La nature singulière du Christ se révèle également dans sa fonction réparatrice face au drame de la fragmentation originelle. Lorsque Sophia, dans son désir de connaître directement la Source, a précipité la perturbation qui a donné naissance à la matière et à la distance entre le Plérôme et le monde inférieur, c'est par l'émanation du Christ que l'ordre divin a trouvé sa voie de restauration. Le Christ, par conséquent, n'est pas seulement un Éon parmi les émanations de lumière, mais la manifestation même de la compassion et de l'intelligence rédemptrice du Plérôme, celui qui assume la responsabilité de guider toutes les âmes perdues vers la conscience de leur origine. Ce rôle réparateur et réconciliateur ne diminue pas les autres Éons, mais souligne la fonction spécifique du Christ en tant que médiateur direct entre l'Ineffable et le manifesté. Il est la voix qui traduit le silence primordial en révélation accessible ; il est la lumière qui traverse les ombres de l'ignorance sans se contaminer avec elles ; il est la connaissance incarnée qui rachète l'étincelle divine ensevelie dans la matière dense.

Bien qu'il partage la même essence divine que tous les Éons, la mission spécifique du Christ en tant que révélateur et rédempteur le distingue comme une expression privilégiée de la Volonté Suprême. Différent des Éons dont la fonction est de préserver l'harmonie dans le Plérôme ou de soutenir les structures invisibles de la création, le Christ est celui qui traverse les frontières du Plérôme, pénétrant dans les domaines de la matière et de l'oubli, sans perdre sa connexion avec la Source. Cette traversée, réalisée par amour pour les émanations perdues, constitue le cœur de sa mission : rappeler à l'âme humaine sa véritable origine, dissoudre les voiles de l'illusion et rouvrir le chemin de l'ascension spirituelle. Le Christ est, ainsi, la synthèse de tous les chemins, la carte et le guide, la présence vivante de la plénitude au sein de la limitation, s'offrant éternellement comme un miroir dans lequel chaque âme peut contempler sa propre lumière cachée et retrouver son chemin de retour au Plérôme.

Un courant de pensée gnostique tend à situer le Christ dans une position de supériorité hiérarchique au sein du Plérôme. Dans cette perspective, le Christ est considéré comme un Éon primaire, émané directement de la Monade ou de l'une des premières syzygies divines, occupant une place de choix et de prééminence par rapport aux autres Éons. Cette supériorité hiérarchique du Christ est souvent justifiée par sa mission rédemptrice unique et universelle, son rôle de révélateur de la Gnose et de guide pour le salut de l'humanité, et sa proximité particulière avec la Divinité Suprême. Le Christ, dans cette vision, serait le "premier-né" parmi les Éons, le représentant le plus direct et le plus puissant de la volonté divine dans le cosmos, le médiateur suprême entre le Plérôme et le monde matériel.

Des textes gnostiques comme l'Évangile de Vérité et l'Apocryphe de Jean, bien que ne détaillant pas explicitement une hiérarchie éonique rigide, suggèrent une position spéciale pour le Christ. Dans l'Évangile de Vérité, le Christ est décrit comme la voix du Père, le révélateur du mystère divin et le porteur de la connaissance qui libère de l'ignorance. Dans l'Apocryphe de Jean, le Christ est présenté comme une émanation primordiale, manifestée pour corriger la faute de Sophia et restaurer l'ordre cosmique, ce qui indique un rôle singulier et une autorité divine supérieure. Ces textes, et d'autres de la bibliothèque de Nag Hammadi, peuvent être interprétés comme corroborant une vision du Christ en tant qu'Éon avec un statut hiérarchique élevé au sein du Plérôme, bien que sans détailler explicitement une hiérarchie rigide et immuable.

Un autre courant de pensée gnostique, en revanche, tend à souligner l'égalité fondamentale entre le Christ et les autres Éons, le situant sur un plan de parité par rapport aux autres êtres spirituels du Plérôme. Dans cette perspective, le Christ est vu comme un Éon parmi d'autres, partageant la même nature divine et la même origine dans l'émanation de la Monade. Sa spécificité résiderait non pas dans une supériorité hiérarchique, mais dans sa mission rédemptrice particulière et dans sa fonction de révélateur de la Gnose, ce qui le distingue des autres Éons en termes de rôle et d'action cosmique, mais pas en termes d'essence divine ou de statut ontologique. Dans cette vision, tous les Éons, y compris le Christ, sont des manifestations de la même Divinité Suprême, des expressions de la même plénitude divine, et participent à parts égales à la nature éternelle et immuable du Plérôme.

Des textes comme l'Évangile de Philippe et l'Évangile de Thomas, dans leurs approches moins hiérarchiques et plus axées sur l'expérience de la Gnose, peuvent être interprétés comme corroborant une vision d'égalité entre les Éons. L'Évangile de Philippe, avec son accent sur l'union mystique avec le Christ et l'expérience des sacrements gnostiques, semble suggérer un accès direct à la divinité à travers la Gnose, sans nécessairement mettre l'accent sur une hiérarchie strictement définie entre le Christ et les autres êtres spirituels. L'Évangile de Thomas, avec ses dits secrets de Jésus, se concentre sur la recherche intérieure et la réalisation de l'identité divine au sein de chaque individu, suggérant un chemin d'illumination qui transcende les hiérarchies externes et se concentre sur l'expérience directe de la vérité spirituelle. Ces textes peuvent être interprétés comme indiquant une vision du Christ en tant que guide et exemple sur le chemin de la Gnose, mais pas nécessairement comme une figure hiérarchiquement supérieure aux autres Éons en termes d'essence divine.

La question de la supériorité ou de l'égalité du Christ dans la Hiérarchie Éonique peut être considérée comme une question d'accent et de perspective théologique au sein de la diversité de la pensée gnostique. Les deux visions, supériorité et égalité, peuvent être trouvées dans différents textes et traditions gnostiques, reflétant différentes manières de comprendre la figure du Christ et la structure du Plérôme. La vision de la supériorité hiérarchique du Christ peut mettre l'accent sur sa singularité et son importance pour la sotériologie gnostique, soulignant son rôle unique en tant que révélateur de la Gnose et guide pour la rédemption. La vision de l'égalité entre le Christ et les autres Éons peut, d'autre part, mettre l'accent sur l'unité de la Divinité Suprême et l'égalité fondamentale de tous les êtres spirituels qui en émanent, soulignant l'accessibilité de la Gnose et la possibilité d'union avec le divin pour tous les chercheurs spirituels.

    Il est important de noter que, même dans les courants qui mettent l'accent sur la supériorité hiérarchique du Christ, cette supériorité n'implique pas une domination autoritaire ou une hiérarchie de pouvoir au sens mondain. La hiérarchie éonique, dans son essence, est une hiérarchie de fonction et d'irradiation de lumière divine, et non une hiérarchie de pouvoir ou d'oppression. Le Christ, même dans une position de premier plan, agit en harmonie et en coopération avec les autres Éons, à la recherche du bien commun et de la réalisation du plan divin. La hiérarchie éonique reflète l'ordre et l'organisation inhérents au cosmos spirituel, mais aussi son unité et son interconnexion.

    La discussion sur la place du Christ dans la Hiérarchie Éonique n'est pas seulement un débat théologique abstrait, mais une réflexion qui a des implications pour la pratique spirituelle et pour la compréhension du voyage gnostique. Si le Christ est considéré comme hiérarchiquement supérieur, la dévotion et l'invocation du Christ en tant que guide et sauveur peuvent être soulignées comme un chemin privilégié vers la Gnose et la rédemption. Si le Christ est considéré comme égal aux autres Éons en essence divine, la recherche de la Gnose peut être comprise comme un chemin plus large et inclusif, impliquant la connexion avec différents Éons et l'exploration de diverses dimensions de la réalité spirituelle.

La question de la supériorité ou de l'égalité du Christ dans la Hiérarchie Éonique reste ouverte, reflétant la diversité et la richesse de la pensée gnostique. Les deux perspectives offrent des aperçus précieux sur la figure du Christ et le cosmos spirituel gnostique, invitant à une réflexion profonde et à une recherche personnelle pour la compréhension de la vérité divine. L'exploration de la place du Christ dans la Hiérarchie Éonique nous permet d'apprécier la complexité et la nuance du christianisme ésotérique et sa vision singulière de la figure du Christ en tant qu'Éon Sauveur, un guide lumineux dans le voyage de l'âme en quête de la Gnose et de l'union avec le divin.

Chapitre 18
La Mission du Christ dans le Monde Matériel

La descente de l'Aeon Christ dans le monde matériel représente l'expression la plus élevée de la compassion divine en faveur de l'humanité emprisonnée dans les engrenages d'un cosmos marqué par l'oubli et la fragmentation. Sa venue dans le plan de la matière ne résulte pas d'une imposition externe ou d'une obligation cosmique arbitraire, mais d'une décision consciente enracinée dans l'essence même du Plérôme, où la plénitude de la lumière divine, reconnaissant la douleur des étincelles exilées, émane volontairement le Sauveur pour racheter ce qui était perdu. Christ n'envahit pas le monde matériel comme un conquérant ou un juge, mais pénètre dans la trame de la création corrompue avec la douceur et la force de celui qui porte la vérité qui dissout l'erreur, la lumière qui dissipe l'obscurité et la mémoire primordiale qui sauve le sens caché derrière l'illusion. Sa mission est donc une convocation silencieuse, un appel aimant aux âmes endormies, afin qu'elles reconnaissent leur origine oubliée et s'éveillent à la connaissance vivante qui, une fois acceptée, brise les chaînes de l'emprisonnement existentiel.

En pénétrant les sphères de la matière, Christ n'assume pas une forme arbitraire ou contingente, mais adopte une manifestation compatible avec la réalité psychique et spirituelle de l'humanité déchue. Sa présence parmi les hommes ne se limite pas à une incarnation physique, mais exprime la capacité unique de projeter son essence dans un véhicule adapté au monde sensible, tout en préservant son lien direct et ininterrompu avec le Plérôme. Ce double enracinement – simultanément présent dans le monde et lié à l'Ineffable – confère au Christ la capacité d'agir comme un pont vivant entre les domaines supérieurs et inférieurs de l'existence, offrant à l'humanité non seulement des paroles ou des doctrines, mais l'expérience incarnée de la présence salvatrice. Chaque geste, chaque enseignement et chaque acte de sa mission terrestre réverbère cette connexion, non pas comme un discours abstrait, mais comme la vibration même du Plérôme qui s'infiltre au cœur de la création déchue, y éveillant l'écho de l'origine oubliée.

L'essence de la mission du Christ dans le monde matériel est le rétablissement de la mémoire spirituelle endormie dans les âmes humaines, ensevelie sous des couches de conditionnement sensoriel, idéologique et psychique cultivées par les Archontes et renforcées par le flux même de l'existence matérielle. Il n'offre pas de formules toutes faites ou de chemins extérieurs de salut, mais allume dans chaque âme qui croise son chemin le souvenir que la lumière habite déjà son intérieur, que le divin n'est pas un point lointain dans le firmament, mais une réalité immanente qui attend d'être reconnue. Sa mission rédemptrice consiste à réactiver cette mémoire primordiale par la Gnose, une connaissance vivante et directe, non médiatisée par des dogmes ou des autorités extérieures, mais accessible directement au cœur même de l'âme. À partir de ce souvenir, chaque être humain éveillé s'engage dans un voyage de réintégration, où la conscience elle-même devient le temple de la révélation et où la vie matérielle, autrefois prison et labyrinthe, se transforme en un espace sacré pour la manifestation du divin retrouvé. Ainsi, la mission du Christ ne se limite pas à une époque, à un peuple ou à une tradition spécifique ; elle résonne comme un appel universel et intemporel, résonnant éternellement à l'intérieur de chaque âme qui ose se souvenir de sa vraie nature et se tourner vers la lumière primordiale dont elle provient.

La mission du Christ dans le monde matériel a pour objectif primordial la révélation de la Gnose. Dans la vision gnostique, l'ignorance est la racine de toute souffrance humaine, la cause fondamentale de l'aliénation spirituelle et de l'emprisonnement dans la matière. L'humanité, obscurcie par l'illusion du monde matériel et par les ruses des Archontes, a oublié son origine divine, son identité spirituelle et le chemin du retour au Plérôme. Christ, en tant qu'émissaire du royaume de la lumière, descend dans le monde pour dissiper cette ignorance, pour briser le voile de l'illusion et pour révéler la Gnose, la connaissance libératrice qui illumine l'esprit et allume la flamme de la conscience spirituelle. La Gnose n'est pas une simple information intellectuelle ou une doctrine théorique, mais une expérience transformatrice, une connaissance intuitive et vécue de la vérité divine qui opère une métamorphose dans l'âme humaine, l'éveillant à la réalité transcendante.

La révélation de la Gnose par le Christ dans le monde matériel prend diverses formes et expressions, reflétant la richesse et la complexité du message gnostique. Le Christ se manifeste à travers des enseignements, transmettant des paraboles, des maximes et des discours qui défient la compréhension linéaire et rationnelle, invitant à l'introspection et à la recherche d'un sens plus profond. Les Évangiles apocryphes et les textes de Nag Hammadi préservent ces enseignements ésotériques du Christ, révélant un message qui transcende la moralité conventionnelle et les dogmes religieux, se concentrant sur la transformation intérieure et la connaissance de soi comme chemins de libération spirituelle. Les enseignements du Christ, dans la perspective gnostique, sont des outils pour éveiller la conscience, pour rompre avec les conditionnements de l'esprit matériel et pour s'ouvrir à l'intuition de la vérité divine.

Outre les enseignements, le Christ révèle également la Gnose à travers des signes et des exemples, démontrant dans sa propre vie et dans ses actes le chemin de la transformation spirituelle et de l'union avec le divin. Les miracles du Christ, interprétés symboliquement dans la gnose, ne sont pas de simples prodiges surnaturels, mais des manifestations du pouvoir divin qui réside dans le Christ et qui est potentiellement présent dans chaque être humain. La guérison, la résurrection et d'autres actes miraculeux du Christ représentent symboliquement la guérison de l'âme de l'ignorance, la résurrection de l'esprit à la vie éternelle et la manifestation du pouvoir divin qui réside dans chaque étincelle spirituelle. L'exemple même de la vie du Christ, sa compassion, son amour et son abandon à la volonté divine, servent de modèle et d'encouragement pour le voyage spirituel de l'humanité.

La mission du Christ dans le monde matériel vise également l'éveil spirituel de l'humanité. La Gnose révélée par le Christ n'est pas une connaissance passive ou purement intellectuelle, mais un appel à l'action, une invitation à la transformation de la conscience et à la recherche active de la libération spirituelle. Le Christ ne transmet pas seulement la Gnose, mais il éveille aussi les âmes endormies, stimulant l'aspiration à la vérité divine et la recherche du retour au Plérôme. Cet éveil spirituel est un processus intérieur, une métamorphose de la conscience qui commence par la reconnaissance de sa propre ignorance et de l'aspiration à la vérité, et qui se développe par la pratique de la méditation, de la contemplation, de l'introspection et de la mise en pratique des enseignements gnostiques. L'éveil spirituel est, par essence, une renaissance de l'âme à la vie véritable, une sortie du sommeil de l'illusion et une entrée dans la lumière de la Gnose.

L'appel du Christ à l'éveil spirituel résonne à travers les siècles, invitant chaque individu à prendre la responsabilité de son propre voyage spirituel et à rechercher la Gnose comme chemin de libération. Le message du Christ n'est pas destiné à une élite intellectuelle ou à un groupe sélect d'initiés, mais à toute l'humanité, à tous ceux qui aspirent à la vérité et à la libération spirituelle. Le Christ offre la Gnose à tous ceux qui sont prêts à la recevoir, à tous ceux qui ouvrent leur cœur et leur esprit à son message transformateur. L'éveil spirituel, dans la perspective gnostique, est un droit inaliénable de chaque être humain, une possibilité inhérente à sa nature divine et une réponse à l'appel de l'Aeon Christ Sauveur.

La mission du Christ dans le monde matériel, révélant la Gnose et promouvant l'éveil spirituel, ne se limite pas au contexte historique du premier siècle ou à la figure de Jésus de Nazareth. Dans la perspective gnostique, la présence et l'influence de l'Aeon Christ transcendent le temps et l'espace, se manifestant continuellement à travers l'histoire et dans l'expérience intérieure de chaque chercheur spirituel. Christ, en tant qu'Aeon Sauveur, reste présent dans le monde, inspirant, guidant et soutenant ceux qui se consacrent à la recherche de la Gnose et au voyage de retour au Plérôme. Sa mission rédemptrice continue de se déployer à travers les siècles, à travers les enseignements préservés dans les textes gnostiques, à travers l'inspiration spirituelle qui résonne dans les cœurs éveillés et à travers la pratique de la Gnose comme un chemin vivant de transformation et de libération.

L'exploration de la Mission du Christ dans le Monde Matériel révèle l'essence de la sotériologie gnostique et la profondeur du message du christianisme ésotérique. Christ, en tant qu'Aeon Sauveur, apparaît comme le révélateur de la Gnose, le guide pour l'éveil spirituel et le porteur de la promesse de rédemption pour l'humanité exilée. Sa mission ne se limite pas à un événement historique passé, mais à une présence vivante et transformatrice qui continue d'agir dans le monde et dans la conscience humaine, invitant chacun à suivre le chemin de la Gnose et à s'éveiller à sa véritable identité divine et à son destin éternel dans le Plérôme. Le message du Christ dans le monde matériel résonne comme un appel à la libération de l'ignorance, à la recherche de la vérité et à la réalisation du potentiel spirituel inhérent à chaque être humain, illuminant le voyage de l'âme vers la Gnose et l'union avec le divin.

Chapitre 19
L'Évangile de la Vérité et l'Éon Christ

L'Évangile de la Vérité se révèle comme une œuvre d'une profonde beauté spirituelle et un témoignage vibrant de la mission de l'Éon Christ en tant que porteur de la lumière et de la Gnose, traduisant en mots poétiques l'appel éternel de la Divinité Suprême à l'humanité exilée dans le monde matériel. Dans cet évangile, la figure du Christ transcende la linéarité historique et les limites d'une incarnation particulière, se présentant comme la voix même du Père, l'émanation de la vérité primordiale qui résonne au plus profond de chaque âme en quête du chemin de retour au foyer divin. La fonction du Christ, en tant que révélateur de la plénitude du Plérôme, n'est pas seulement de transmettre un ensemble de doctrines ou de prescriptions morales, mais de ramener la conscience humaine au souvenir vivant de son origine spirituelle, déchirant le voile de l'ignorance qui sépare l'être de sa source divine. Sa mission, par conséquent, ne se résume pas à corriger des comportements ou à restaurer une alliance rompue, mais à illuminer le cœur obscurci par l'oubli, afin que chaque âme, en reconnaissant la vérité de son essence, retrouve par elle-même le chemin du retour.

L'œuvre décrit le monde matériel comme un territoire où l'ignorance règne en maître, maintenant les âmes emprisonnées dans des perceptions déformées d'elles-mêmes et de la réalité ultime. Dans ce paysage d'oubli et de souffrance, l'Éon Christ descend comme expression de l'amour inconditionnel du Père, non pour condamner ou punir, mais pour rappeler et guérir. Il apparaît comme la manifestation visible de l'amour primordial qui aspire à la réconciliation entre la totalité et ses parties dispersées, s'offrant comme chemin et miroir dans lequel chaque âme peut voir, reflétée, son vrai visage spirituel. L'ignorance, racine de toute souffrance, n'est pas ici une faute morale ou une culpabilité héritée, mais une condition existentielle résultant de l'aliénation du divin. Le Christ, par sa présence et sa parole, dissipe les ténèbres de cette ignorance en offrant la Gnose — une connaissance qui n'est pas une simple accumulation de concepts, mais l'éveil direct de l'étincelle divine qui habite chaque être.

La vérité révélée par le Christ, selon l'Évangile de la Vérité, est inséparable de l'amour. Amour et connaissance marchent côte à côte comme des forces complémentaires dans le processus de rédemption. L'amour du Père, qui déborde du Plérôme jusqu'aux couches les plus denses de la création, se manifeste dans l'envoi du Christ comme un acte de profonde compassion, où le divin s'incline pour embrasser ses émanations oubliées. Cet amour ne juge ni n'exige de réparation, mais invite et accueille, offrant la reconnaissance de la vraie nature de chaque âme comme partie indivisible de la plénitude divine. En même temps, cet amour se concrétise dans la connaissance révélatrice que le Christ transmet : la connaissance que la séparation est une illusion, que l'exil n'est qu'un rêve, et que la vérité de l'être est toujours restée intacte, cachée sous des couches de peur, de confusion et de tromperie. Ainsi, la mission de l'Éon Christ, telle qu'elle résonne dans cet évangile, est de rendre à l'humanité sa vision spirituelle perdue, afin que l'amour du Père et la lumière de la Gnose rétablissent l'harmonie entre le Créateur et ses émanations dispersées, dissolvant l'abîme de la séparation et réintégrant chaque âme à l'unité éternelle du Plérôme.

L'Évangile de la Vérité commence par une déclaration fondamentale qui établit le ton et le but du texte : "L'Évangile de la Vérité est joie pour ceux qui ont reçu la grâce de connaître [le Père de la vérité], au nom du Fils, qui est Jésus-Christ." Cette phrase d'ouverture révèle déjà les thèmes centraux de l'évangile : la vérité, la connaissance, la grâce, l'amour, la joie, et la figure centrale de Jésus-Christ comme le véhicule de la révélation. L'évangile se présente comme un message de joie et de libération, destiné à ceux qui sont réceptifs à la vérité divine et qui cherchent la connaissance salvatrice.

Un thème récurrent dans l'Évangile de la Vérité est l'amour du Père comme la force motrice de la rédemption. Le Père est décrit comme la source primordiale de tout être, un amour débordant qui aspire à la réconciliation avec sa création exilée dans l'ignorance. Le Père n'est pas un juge sévère ou un pouvoir punitif, mais un père aimant qui cherche le retour de ses enfants perdus au foyer de la lumière. Cet amour paternel se manifeste dans la venue de l'Éon Christ, envoyé dans le monde pour révéler la vérité et offrir le chemin du retour au Père. L'amour du Père est la base du message du Christ, le fondement de l'espérance gnostique de rédemption et le moteur du voyage spirituel à la recherche de la Gnose.

La connaissance (Gnose), dans l'Évangile de la Vérité, n'est pas seulement un savoir intellectuel, mais une expérience transformatrice qui libère l'âme de l'ignorance et la reconnecte à son origine divine. L'ignorance est décrite comme la cause fondamentale de la souffrance humaine, la racine de l'aliénation spirituelle et de la prison dans le monde matériel. La connaissance de la vérité, révélée par le Christ, dissipe cette ignorance, brisant les chaînes de l'illusion et ouvrant les yeux de l'âme à la réalité spirituelle. La Gnose est une connaissance qui guérit, qui libère, qui transforme la conscience et qui conduit à l'union avec le Père. C'est une connaissance qui s'expérimente dans le cœur et dans l'âme, et pas seulement dans l'esprit rationnel.

L'Éon Christ, dans l'Évangile de la Vérité, est présenté comme le révélateur du Père et le porteur de la Gnose. Il est le Fils bien-aimé du Père, envoyé dans le monde pour manifester son amour et pour offrir le chemin de la rédemption. Le Christ n'est pas décrit en termes d'événements historiques ou de détails biographiques, mais dans son essence spirituelle et dans sa fonction rédemptrice. Il est la parole du Père, la manifestation de la vérité, la lumière qui dissipe les ténèbres de l'ignorance et le guide qui conduit de retour au foyer. La figure du Christ dans l'Évangile de la Vérité est essentiellement symbolique et archétypale, représentant le principe divin de la révélation et de la rédemption, manifesté dans le monde pour éveiller l'humanité à sa véritable identité spirituelle. La voix du Christ dans l'Évangile de la Vérité est la voix d'un guide compatissant et aimant, qui invite à la recherche intérieure et à l'éveil de la conscience. Le Christ n'impose pas de dogmes ou de préceptes extérieurs, mais offre un chemin de connaissance de soi et de transformation intérieure, à travers la Gnose et l'amour. Son langage est poétique, métaphorique et symbolique, s'adressant au cœur et à l'intuition, et pas seulement à l'esprit rationnel. Le Christ parle en paraboles et en allégories, invitant à la réflexion profonde et à la recherche d'un sens plus profond dans ses paroles. Sa voix est une voix d'espoir, de consolation, d'encouragement et d'appel à l'éveil spirituel.

Dans l'Évangile de la Vérité, la réconciliation avec le Père apparaît comme le but ultime du voyage spirituel et de la mission rédemptrice du Christ. L'humanité, exilée et aliénée du Père, aspire à retourner à son origine divine et à retrouver l'unité primordiale. Le Christ, à travers la révélation de la Gnose et la manifestation de l'amour du Père, offre le chemin de cette réconciliation, ouvrant les portes du Plérôme et invitant tous à retourner au foyer de la lumière. La réconciliation n'est pas seulement un pardon divin ou une restauration d'un état antérieur, mais une transformation profonde de la conscience, une réintégration dans la plénitude divine et une réalisation de l'unité primordiale entre le Père et sa création.

L'Évangile de la Vérité, dans son message central d'amour et de connaissance, résonne profondément avec la quête humaine de sens, de transcendance et de réconciliation spirituelle. Sa présentation de l'Éon Christ comme révélateur du Père et guide vers la Gnose offre un chemin d'espoir et de libération pour l'humanité exilée, invitant tous à s'éveiller à la vérité divine et à parcourir le chemin du retour au foyer de la lumière. La voix du Christ dans l'Évangile de la Vérité demeure comme un phare lumineux dans la nuit de l'ignorance, guidant les chercheurs spirituels vers la Gnose et l'union avec la Divinité Suprême, à travers l'amour et la connaissance. L'analyse de l'Évangile de la Vérité révèle la beauté et la profondeur du message gnostique, et sa capacité à inspirer et à transformer la vie de ceux qui s'ouvrent à sa sagesse ancestrale.

Chapitre 20
Les Enseignements Secrets de l'Éon Christ

Les enseignements secrets de l'Éon Christ, préservés dans des œuvres comme l'Évangile de Thomas, révèlent une couche profonde de la mission rédemptrice qui transcende les récits historiques et pénètre directement au cœur de l'expérience spirituelle individuelle. Ces enseignements n'étaient pas destinés aux foules, mais plutôt à ceux dont les âmes s'étaient déjà éveillées à l'inquiétude spirituelle, à l'appel subtil qui résonne de l'étincelle divine emprisonnée dans le monde de la forme. Christ, en tant qu'Éon révélateur, n'a pas seulement offert des paroles de consolation ou des règles morales pour la coexistence humaine ; il a transmis des clés cachées, des fragments d'une connaissance primordiale capable de défaire la toile d'illusions tissée par les Archontes, conduisant chaque chercheur à la reconnaissance directe de son identité divine et de son origine dans le Plérôme. Ces enseignements secrets, par conséquent, ne fonctionnent pas comme de simples maximes de sagesse, mais comme des portails spirituels qui, lorsqu'ils sont correctement compris, se déploient à l'intérieur de la conscience, réveillant la connaissance silencieuse et lumineuse qui a toujours été présente, bien qu'oubliée.

L'essence de ces enseignements repose sur la réorientation radicale de la perception de la réalité. Christ ne pointe pas vers un Dieu distant, situé à l'extérieur ou au-dessus du monde, mais vers une présence sacrée qui imprègne l'être même de celui qui cherche. L'idée que le Royaume est à l'intérieur et à l'extérieur – mais invisible aux yeux conditionnés par la tromperie – subvertit le paradigme religieux traditionnel et redonne à l'individu la responsabilité de sa propre rédemption. Cette vision coïncide avec la structure du cosmos gnostique, où le Plérôme n'est pas seulement une demeure lointaine réservée aux purs, mais une dimension accessible à la conscience éveillée, une réalité vibrante qui attend le regard purifié par la Gnose. Christ, par conséquent, ne se pose pas comme un intermédiaire entre l'humain et le divin, mais comme celui qui enseigne le chemin de l'auto-révélation, dans lequel chaque âme redécouvre sa filiation divine et son droit à la réintégration dans la plénitude.

Dans les dits secrets, cette pédagogie de l'éveil se révèle à travers des paraboles qui dissolvent les certitudes, des aphorismes qui rompent avec la logique dualiste et des invitations à l'introspection radicale, où le silence intérieur devient la demeure de la vérité. Christ n'offre pas d'explications linéaires ni de vérités toutes faites ; il plante des inquiétudes qui fermentent dans l'âme jusqu'à ce que l'étincelle intérieure – cachée sous des couches de peur, de croyances et de conditionnements – se rallume d'elle-même. Chaque dit, apparemment simple, est une clé d'activation spirituelle, dont la signification complète ne se révèle qu'à mesure que le chercheur chemine vers sa propre essence. Cette pédagogie ésotérique, à la fois compatissante et exigeante, est l'expression directe de la mission Éonique du Christ : conduire chaque âme à la mémoire de sa véritable identité, sans impositions, mais à travers l'invitation amoureuse à la découverte du sacré qui l'habite. Ainsi, les enseignements secrets de l'Éon Christ demeurent comme des échos vivants de la voix primordiale qui, même sous le voile de l'oubli, continue d'appeler chaque âme à son origine et à sa plénitude dans le Plérôme.

L'Évangile de Thomas commence par une déclaration qui définit sa nature et son objectif : "Voici les paroles secrètes que Jésus, le Vivant, a prononcées et que Didyme Judas Thomas a notées." Cette phrase d'ouverture souligne le caractère secret des enseignements, l'autorité de Jésus en tant que "le Vivant", et le rôle de Thomas en tant que transmetteur de la tradition ésotérique. Le terme "paroles secrètes" suggère que les enseignements contenus dans l'évangile ne sont pas destinés à la consommation publique ou exotérique, mais plutôt à un cercle plus restreint de disciples initiés, capables de comprendre la profondeur et la signification cachée des paroles du Christ.

La nature "secrète" des enseignements de l'Évangile de Thomas résonne avec l'essence même de la Gnose, la connaissance ésotérique et transformatrice qui est centrale au christianisme gnostique. La Gnose n'est pas une connaissance superficielle ou accessible à l'esprit rationnel commun, mais plutôt un savoir profond et intuitif qui requiert du discernement, de l'introspection et une ouverture d'esprit à la réalité spirituelle. Les dits secrets de Jésus dans l'Évangile de Thomas défient l'interprétation littérale et exotérique, invitant le chercheur spirituel à aller au-delà de la surface des paroles, à plonger dans les profondeurs de leur signification cachée et à s'éveiller à la vérité spirituelle qui réside derrière le langage symbolique et énigmatique.

L'interprétation des dits de Jésus dans l'Évangile de Thomas à la lumière de la perspective Éonique révèle des connexions profondes entre les enseignements secrets et la cosmologie gnostique. De nombreux dits, lorsqu'ils sont compris sous l'angle Éonique, pointent vers la nature divine de l'être humain, la réalité du Plérôme et le chemin de la Gnose comme retour à l'origine divine. Par exemple, le dit 3, qui affirme : "Si ceux qui vous guident vous disent : 'Voyez, le Royaume est dans le ciel !', alors les oiseaux du ciel vous précéderont. S'ils vous disent : 'Il est dans la mer !', alors les poissons vous précéderont. Au lieu de cela, le Royaume est en vous et il est hors de vous", résonne avec la vision gnostique du Royaume de Dieu non pas comme un lieu géographique ou un futur eschatologique, mais plutôt comme une réalité spirituelle présente et immanente, accessible à travers la recherche intérieure et l'éveil de la conscience. Le Royaume, dans la perspective Éonique, peut être compris comme le Plérôme, la plénitude divine qui transcende le monde matériel, mais qui se manifeste également en résonance avec l'étincelle divine intérieure présente en chaque être humain.

Un autre exemple significatif est le dit 50 : "Jésus dit : 'Si l'on vous dit : 'D'où venez-vous ?', dites-leur : 'Nous venons de la lumière, le lieu où la lumière est apparue par elle-même'. Si l'on vous dit : 'Qui êtes-vous ?', dites-leur : 'Nous sommes ses fils, et nous sommes les élus du Père Vivant'. Si l'on vous demande : 'Quel est le signe de votre Père en vous ?', dites-leur : 'C'est le mouvement et le repos'". Ce dit exprime de manière concise l'origine divine de l'humanité, sa provenance du royaume de la lumière et sa filiation au Père Vivant, concepts centraux dans la cosmologie Éonique. La réponse concernant le "signe du Père" comme "mouvement et repos" peut être interprétée ésotériquement comme la dynamique de l'émanation et du retour au Plérôme, le flux constant de l'énergie divine qui se manifeste dans le cosmos et l'aspiration de l'âme humaine au repos dans l'unité divine.

La recherche du Royaume Intérieur et la réalisation de l'identité divine sont des thèmes récurrents dans l'Évangile de Thomas, et qui s'harmonisent profondément avec la perspective Éonique. De nombreux dits soulignent l'importance de l'introspection, de la connaissance de soi et de la recherche de la vérité en soi-même comme chemin vers la Gnose et vers l'union avec le divin. Le Royaume de Dieu n'est pas quelque chose d'extérieur à atteindre dans le futur, mais plutôt une réalité intérieure à découvrir et à vivre dans le présent. L'identité divine n'est pas quelque chose à acquérir ou à mériter, mais plutôt une nature essentielle à reconnaître et à manifester en plénitude. L'Évangile de Thomas, sous l'angle Éonique, invite à un voyage intérieur d'éveil et d'auto-découverte, où la Gnose est la carte et l'Éon Christ est le guide.

L'Évangile de Thomas, avec ses enseignements secrets et énigmatiques, offre une perspective précieuse et complémentaire pour la compréhension de l'Éon Christ et du message gnostique. Ses dits concis et provocateurs défient l'esprit rationnel et stimulent l'intuition, invitant le chercheur spirituel à aller au-delà de la littéralité et à pénétrer dans les profondeurs du mystère divin. La recherche du Royaume Intérieur et la réalisation de l'identité divine, thèmes centraux de l'Évangile de Thomas, résonnent avec le voyage gnostique de retour au Plérôme et avec la quête de l'union avec la Divinité Suprême. L'Évangile de Thomas, interprété à la lumière de la perspective Éonique, se révèle comme un guide précieux sur le chemin de la Gnose, une carte concise et profonde pour la réalisation de la vérité spirituelle et la libération de l'illusion du monde matériel. L'exploration des dits secrets de l'Évangile de Thomas enrichit notre compréhension du christianisme ésotérique et du message transformateur de l'Éon Christ, nous invitant à plonger dans les profondeurs de la connaissance de soi et à nous éveiller à notre propre nature divine.

Chapitre 21
Christ Éonique et Jésus Historique

La compréhension profonde de la figure du Christ, au sein de la tradition ésotérique chrétienne, exige une approche qui transcende la lecture conventionnelle et littérale des écritures et des récits historiques. Le Christ, dans la perspective ésotérique, n'est pas seulement un personnage spécifique inséré dans le contexte sociopolitique de la Palestine du Ier siècle, mais la manifestation d'une réalité spirituelle éternelle qui imprègne le cosmos et l'âme humaine depuis avant la fondation du monde matériel. Cette conception permet de comprendre le Christ comme une expression suprême de l'énergie divine créatrice, la manifestation du Logos primordial qui agit comme lien entre le Plérôme — le royaume de la plénitude divine — et le monde phénoménal, marqué par la fragmentation et l'ignorance spirituelle. En ce sens, la figure du Christ dépasse les limites d'une biographie ou d'une chronologie historique pour se révéler comme un principe intemporel de rédemption, de réintégration de l'âme humaine à sa source divine et de révélation de la véritable nature spirituelle de l'existence. La dimension cosmique du Christ n'annule ni ne remplace sa présence historique en Jésus de Nazareth, mais élargit cette présence, lui offrant une signification qui englobe à la fois la condition humaine et la vocation divine de l'humanité.

En se penchant sur la distinction et la complémentarité entre le Christ Éonique et le Jésus Historique, le christianisme ésotérique propose une vision intégratrice qui harmonise l'expérience concrète de Jésus, en tant que maître incarné, avec la réalité archétypale du Christ en tant que principe divin universel. Jésus de Nazareth, avec sa trajectoire de vie, ses paroles et ses gestes, a incarné et exprimé dans sa propre existence les attributs et la mission du Christ Éonique, devenant le véhicule conscient de cette force divine qui transcende l'espace et le temps. Ainsi, chaque étape de la vie de Jésus — de sa naissance dans des circonstances humbles à sa passion et sa résurrection — acquiert une dimension symbolique et archétypale, reflétant, en langage historique, les mouvements profonds de l'âme dans son retour à son essence divine. Cet entrelacement entre histoire et mythe, entre événement biographique et mystère cosmique, ne doit pas être lu comme une contradiction, mais comme une clé de lecture qui permet de pénétrer les couches cachées du christianisme et d'accéder à son message ésotérique le plus profond. La figure de Jésus, par conséquent, n'est pas seulement un prophète ou un réformateur religieux, mais la corporification même du Logos, qui a choisi la condition humaine pour révéler, à travers sa présence et son enseignement, le chemin de la réintégration de l'être humain au divin.

Cette perspective intégratrice permet au chercheur spirituel de comprendre que le voyage spirituel proposé par le christianisme ésotérique n'est pas une fuite de la réalité ou une négation de l'histoire, mais une resignification de l'existence humaine elle-même à la lumière de la Gnose. Chaque être humain, en contemplant la figure du Christ, est invité à reconnaître en lui-même cette même étincelle divine, ce même potentiel christique latent qui attend d'être éveillé. La dualité apparente entre Christ Éonique et Jésus Historique se dissout à mesure que le chercheur perçoit que le véritable objectif du chemin spirituel est la vivance directe du Christ intérieur — la réalisation de cette présence divine dans sa propre conscience et sa vie quotidienne. Le Christ Éonique, en tant qu'archétype éternel, et le Jésus Historique, en tant que manifestation temporelle et incarnée de cet archétype, deviennent deux pôles d'une même réalité spirituelle : l'appel universel à la Gnose, à la réintégration de l'âme à son principe divin et au dépassement des illusions de l'ego et de la matière. Ainsi, comprendre la relation entre Christ Éonique et Jésus Historique n'est pas seulement une question théologique ou intellectuelle, mais une clé pratique et expérientielle pour ceux qui cheminent sur le sentier intérieur de la quête de la Vérité Suprême.

Le Christ Éonique, comme déjà exploré dans les chapitres précédents, représente la figure du Christ au sein de la cosmologie gnostique. Il est compris comme un Éon Sauveur, une émanation directe de la Divinité Suprême, habitant du Plérôme et porteur de la Gnose. Le Christ Éonique transcende la dimension temporelle et historique, existant avant la création du monde matériel et participant à l'éternité divine. Sa venue dans le monde matériel, dans la perspective gnostique, n'est pas principalement un événement biographique, mais une manifestation cosmique, un acte de condescendance divine pour révéler la Gnose et éveiller l'humanité à sa véritable nature spirituelle. L'accent mis sur le Christ Éonique réside donc dans sa nature divine, sa fonction rédemptrice et son message de connaissance salvatrice.

D'autre part, le Jésus Historique se réfère à la figure de Jésus de Nazareth en tant que personnage réel et concret qui a vécu au Ier siècle après J.-C. en Palestine. La perspective historique cherche à reconstruire, à travers des sources textuelles et des preuves archéologiques, la vie, les enseignements et le contexte socioculturel de Jésus, le considérant comme un Juif de son temps, immergé dans les traditions et les attentes du judaïsme du Ier siècle. L'accent mis sur le Jésus Historique réside donc dans son humanité, son contexte historique et ses enseignements moraux et éthiques, tels qu'ils peuvent être reconstruits par l'analyse critique des sources historiques.

Il est fondamental de comprendre que, dans la perspective du christianisme ésotérique, la distinction entre Christ Éonique et Jésus Historique n'implique pas une opposition ou une exclusion mutuelle. Les deux perspectives ne sont pas nécessairement incompatibles, mais plutôt complémentaires, offrant différents angles de vue sur la même réalité spirituelle. Le christianisme ésotérique ne nie pas l'historicité de Jésus, ni ne néglige l'importance de ses enseignements historiques, mais cherche à transcender la limitation d'une lecture purement historique, reconnaissant la dimension transcendante et archétypale de la figure du Christ, exprimée dans le concept de l'Éon Sauveur.

La perspective Éonique complète la vision historique de Jésus en offrant un contexte cosmologique et métaphysique plus large à sa mission et à son message. En situant Jésus au sein de la hiérarchie Éonique et de la cosmologie gnostique, le christianisme ésotérique enrichit la compréhension de sa figure, révélant sa dimension divine et son rôle de messager du Plérôme. La perspective Éonique permet de comprendre le message de Jésus non seulement comme un ensemble de préceptes moraux ou un mouvement social et religieux au sein du judaïsme du Ier siècle, mais comme une révélation de la Gnose, un chemin de transformation spirituelle qui résonne avec les profondeurs de l'âme humaine et avec la réalité transcendante du royaume divin.

En certains points, la perspective Éonique peut s'éloigner de la vision historique de Jésus, en particulier en ce qui concerne certains aspects du récit évangélique canonique qui sont réinterprétés symboliquement dans la gnose. Par exemple, la crucifixion et la résurrection de Jésus, événements centraux dans la théologie chrétienne orthodoxe, peuvent être vus de manière moins littérale et plus symbolique dans la perspective gnostique, comme des représentations d'étapes d'un processus d'initiation spirituelle et de transcendance de la condition humaine limitée, plutôt que comme des événements historiques à comprendre dans leur littéralité factuelle. Cette réinterprétation symbolique ne nie pas l'importance de ces événements dans la tradition chrétienne, mais cherche à dévoiler leur signification ésotérique et leur valeur en tant qu'archétypes du voyage spirituel.

Malgré les distances et réinterprétations possibles, les deux perspectives, Christ Éonique et Jésus Historique, convergent vers une quête spirituelle unifiée, qui est le cœur du christianisme ésotérique. Tant la contemplation de la figure transcendante du Christ Éonique que la réflexion sur les enseignements et l'exemple de vie du Jésus Historique peuvent conduire le chercheur spirituel à l'auto-connaissance, à la transformation de la conscience et à la recherche de l'union avec le divin. La perspective historique peut offrir un point de départ concret et accessible pour le voyage spirituel, ancrant la quête de la Gnose dans la réalité humaine et dans le contexte historique de Jésus. La perspective Éonique, quant à elle, peut élever l'esprit et le cœur vers les dimensions transcendantales de la réalité, inspirant la recherche d'une connaissance plus profonde et d'une expérience plus directe du divin.

L'importance des deux perspectives réside dans leur capacité à enrichir et à compléter la quête spirituelle au sein du christianisme ésotérique. Négliger la dimension historique de Jésus reviendrait à ignorer la concrétude de son message et l'importance de son exemple humain. D'autre part, se limiter à une vision purement historique de Jésus obscurcirait sa dimension divine et la portée cosmique de sa mission rédemptrice. Le christianisme ésotérique, dans sa quête d'une compréhension plus profonde et plus complète de la foi chrétienne, cherche à intégrer les deux perspectives, reconnaissant l'importance tant du Jésus Historique que du Christ Éonique pour le voyage spirituel et pour la réalisation de la Gnose.

    La quête spirituelle, dans le contexte du christianisme ésotérique, ne se résume pas à adhérer à des dogmes ou à répéter des formules de foi, mais à suivre un chemin d'auto-connaissance, de transformation intérieure et d'expérience directe du divin. Tant la réflexion sur le Christ Éonique que la contemplation du Jésus Historique peuvent être des outils précieux dans ce voyage, guidant le chercheur spirituel vers la Gnose et l'union avec la Divinité Suprême. L'intégration des perspectives du Christ Éonique et du Jésus Historique permet une compréhension plus riche et plus profonde du message chrétien, ouvrant la voie à une spiritualité plus pleine, consciente et transformatrice. La figure du Christ, dans ses multiples dimensions, demeure un guide lumineux dans la quête spirituelle humaine, un phare d'espoir et une invitation à la réalisation du potentiel divin inhérent à chaque être humain.

Chapitre 22
Chemin vers la Connaissance Salvifique

Le chemin vers la connaissance salvifique dans le christianisme ésotérique ne se présente pas comme une simple acceptation de doctrines ou de croyances transmises de génération en génération, mais plutôt comme un appel profond à la recherche intérieure, à la redécouverte de la véritable essence spirituelle qui habite au cœur de chaque être humain. Ce voyage vers la Gnose est, avant tout, une convocation à la remémoration d'une origine divine oubliée, un retour à l'état primordial de communion avec le Plérôme, d'où l'âme émane originellement. Du point de vue ésotérique, l'existence humaine dans le monde matériel est une condition d'oubli, un état d'exil où l'âme, enveloppée par les voiles de l'illusion et de l'ignorance, perd conscience de sa véritable nature. La connaissance salvifique, par conséquent, n'est pas quelque chose d'externe à acquérir ou imposé par une autorité religieuse, mais la réactivation d'une mémoire spirituelle endormie, une illumination intérieure qui restaure la connexion perdue avec le divin. Cette révélation intérieure, éveillée et guidée par la lumière du Christ Éonique, non seulement libère l'âme de ses chaînes, mais reconstruit, à l'intérieur de l'être même, le pont qui conduit de retour à la plénitude divine.

    Ce voyage de retour est profondément marqué par la reconnaissance du rôle central du Christ Éonique en tant que porteur et révélateur de la Gnose. Dans le christianisme ésotérique, le Christ n'est pas seulement celui qui enseigne ou transmet des vérités spirituelles, mais le canal même à travers lequel la Gnose s'écoule dans l'existence matérielle. Il est la présence vivante de la lumière divine dans le monde fragmenté, l'émissaire direct du Plérôme, dont la mission est de racheter les étincelles divines emprisonnées dans la chair et dans le mental obscurci par l'illusion. Chaque enseignement, chaque parabole et chaque geste symbolique du Christ contient, en son essence, des couches de significations cachées qui dépassent de loin la moralité superficielle et révèlent la carte cachée de l'âme dans son voyage d'ascension. Suivre ce chemin signifie non seulement comprendre intellectuellement le message du Christ, mais l'incarner dans sa propre existence, permettant à la lumière intérieure de dévoiler progressivement les ombres accumulées par l'ego et les fausses identifications avec le monde matériel. Le salut, par conséquent, est inséparable de la connaissance de soi, car se connaître en profondeur, c'est retrouver, au milieu des couches de conditionnement, l'étincelle divine qui vibre en harmonie avec le Christ Éonique lui-même.

    Le processus d'approche de la connaissance salvifique exige, cependant, une disposition intérieure spécifique, marquée par une soif authentique de vérité et un courage inébranlable pour confronter ses propres tromperies et illusions. La Gnose, en ce sens, n'est pas une simple accumulation d'informations cachées ou ésotériques, mais l'expérience directe de la vérité spirituelle qui transforme non seulement la façon de penser, mais l'être même de celui qui s'y ouvre. C'est une flamme qui consume les impuretés accumulées par le mental conditionné et révèle la nudité de l'âme devant le divin, la conduisant graduellement à la reconnaissance de son identité réelle, non pas comme créature séparée ou abandonnée dans le cosmos, mais comme émanation directe de la Source Divine. Cette transformation intérieure, promue par la Gnose, dissout la fausse séparation entre créature et Créateur, entre le monde inférieur et le Plérôme, et révèle que le chemin même, la vérité et la vie se trouvent inséparablement unis dans la présence vivante du Christ Éonique. Le chercheur qui parcourt ce chemin, guidé par la lumière du Christ, non seulement retourne à son origine, mais devient, lui-même, un canal vivant de cette même lumière, irradiant au monde fragmenté les échos de la vérité divine redécouverte dans son propre cœur.

La relation intrinsèque entre l'Éon Christ et la Gnose réside dans le fait que le Christ est, dans sa propre nature divine, la manifestation de la Gnose dans le monde matériel. Il ne possède pas seulement la Gnose, mais il est la Gnose incarnée, la vérité divine manifestée sous forme Éonique et accessible à la perception humaine. Le Christ, en tant qu'émanation de la Divinité Suprême, partage la nature lumineuse et cognitive du Plérôme, et sa venue dans le monde matériel a pour but primordial de communiquer cette

Gnose à l'humanité endormie dans l'ignorance. La Gnose n'est pas quelque chose de séparé du Christ, mais plutôt l'essence même de son message et de sa mission rédemptrice.

L'Éon Christ est donc le porteur de la Gnose, le messager divin qui apporte la connaissance salvifique du Plérôme au monde matériel. Son message ne se limite pas à des préceptes moraux ou à des dogmes religieux, mais plutôt à un appel à l'éveil de la conscience, à la recherche intérieure et à l'expérience directe de la vérité spirituelle. Le Christ révèle la Gnose à travers ses enseignements, ses paraboles, ses symboles et, surtout, à travers son propre exemple de vie, qui démontre le chemin de la transformation intérieure et de l'union avec le divin. La Gnose révélée par le Christ n'est pas une connaissance abstraite ou théorique, mais plutôt un savoir pratique et existentiel, qui transforme la vie de celui qui l'accueille et la vit.

La Gnose, pour sa part, est le chemin pour atteindre l'Éon Christ et pour participer à sa rédemption. Il ne s'agit pas d'une foi aveugle ou d'une adhésion dogmatique, mais plutôt d'une recherche active et consciente de la connaissance de la vérité, un chemin de connaissance de soi, d'introspection et d'expérience mystique. La Gnose n'est pas quelque chose que l'on reçoit passivement, mais plutôt quelque chose que l'on conquiert par l'effort spirituel, la discipline intérieure et l'ouverture de l'esprit et du cœur à la réalité divine. L'Éon Christ n'exige pas une foi aveugle, mais invite à la recherche de la Gnose, au discernement spirituel et à l'expérience personnelle de la vérité.

La Gnose en tant que connaissance salvifique est centrale dans la sotériologie gnostique. Dans la vision gnostique, l'ignorance est la racine de toute souffrance humaine et la cause fondamentale de l'aliénation spirituelle. La Gnose, en dissipant cette ignorance, libère l'âme de la captivité de la matière, de l'illusion du monde matériel et du pouvoir du Démiurge. La connaissance de la vérité, révélée par le Christ, n'est pas seulement une information intellectuelle, mais plutôt un pouvoir transformateur qui opère une métamorphose dans la conscience, réveillant l'étincelle divine intérieure et reconnectant l'âme à son origine dans le Plérôme. Le salut, dans la perspective gnostique, n'est pas atteint par des œuvres externes ou des rites religieux, mais plutôt par la Gnose, la connaissance salvifique qui libère l'âme de l'ignorance et la reconduit à sa plénitude divine.

L'Éon Christ, par conséquent, n'offre pas seulement la Gnose, mais il est le chemin même pour l'atteindre. Suivre le Christ sur le chemin de la Gnose ne signifie pas seulement croire en ses enseignements, mais plutôt les vivre, les pratiquer, les incarner dans sa propre vie. Le chemin de la Gnose proposé par le Christ implique la recherche intérieure, la méditation, la contemplation, la purification de l'esprit et du cœur, et l'ouverture à l'expérience mystique. Le Christ n'est pas seulement un maître qui enseigne la Gnose, mais aussi un guide et un compagnon dans le voyage spirituel, qui accompagne, soutient et illumine ceux qui se consacrent à la recherche de la connaissance salvifique.

La Gnose, dans le contexte de l'Éon Christ, n'est pas une connaissance aride ou purement intellectuelle, mais plutôt une connaissance vivante, aimante et transformatrice. C'est une connaissance qui allume le feu de la passion spirituelle, qui nourrit l'âme de la sève de la vérité divine, et qui conduit à l'expérience de l'union mystique avec le divin. L'amour et la connaissance, sur le chemin de la Gnose proposé par le Christ, ne sont pas opposés, mais plutôt complémentaires et intrinsèquement liés. L'amour est la force motrice de la recherche spirituelle, l'aspiration de l'âme à l'union avec le divin, tandis que la connaissance est la lumière qui éclaire le chemin, le discernement qui guide le voyage et la sagesse qui transforme la conscience. L'Éon Christ, dans son message d'amour et de connaissance, offre un chemin intégral de rédemption, qui englobe à la fois la dimension intellectuelle et la dimension affective de l'expérience humaine.

L'exploration de la relation intrinsèque entre l'Éon Christ et la Gnose révèle l'essence de la sotériologie gnostique et la centralité de la connaissance salvifique dans le christianisme ésotérique. Le Christ émerge comme le porteur de la Gnose, le maître et guide sur le chemin de la connaissance de soi et de la transformation spirituelle, et le chemin même vers l'union avec la Divinité Suprême. La Gnose, pour sa part, se révèle comme la clé de la libération de l'ignorance, de la rédemption de l'âme et du retour au Plérôme. Le message de l'Éon Christ, centré sur la Gnose, invite à un voyage intérieur de recherche de la vérité, d'éveil de la conscience et de réalisation du potentiel divin inhérent à chaque être humain. La compréhension de la relation entre l'Éon Christ et la Gnose est fondamentale pour parcourir le chemin de la spiritualité gnostique et pour vivre la transformation et la libération que la connaissance salvifique offre.

Chapitre 23
Retour au Plérôme

Le retour au Plérôme constitue l'aboutissement du voyage spirituel proposé par le christianisme ésotérique et, en même temps, la restauration d'une condition primordiale perdue, mais jamais éteinte. Cette trajectoire n'est pas une simple ascension géographique ou une transposition de plans existentiels, mais la réintégration de l'âme à son essence originelle, dévoilant sa véritable identité en tant qu'émanation directe de la Source Suprême. Dès le moment où l'âme plonge dans l'expérience de l'incarnation, enveloppée par la matière dense et les voiles de l'ignorance, elle porte en elle un désir silencieux de retour, un appel subtil et incessant qui résonne dans les couches les plus profondes de la conscience. Le Plérôme n'est pas un lieu lointain ou une réalité accessible seulement après la mort, mais une dimension de plénitude qui palpite dans chaque âme, attendant d'être reconnue et expérimentée. Revenir au Plérôme, par conséquent, est moins un déplacement d'un point à un autre qu'une suppression des couches d'illusion qui empêchent la perception directe de la lumière divine, qui n'a jamais cessé de briller au centre de l'âme humaine.

Ce processus de retour est rendu possible par la révélation de la Gnose, la connaissance sacrée qui non seulement informe, mais transforme. La Gnose révèle que la condition actuelle de l'âme, emprisonnée dans le cosmos matériel et soumise aux desseins du Démiurge et de ses Archontes, est une anomalie, une distorsion de l'ordre divin originel. La vraie nature de l'âme n'est pas matérielle, mais spirituelle ; elle n'est pas servante de la création inférieure, mais héritière de la plénitude divine. L'Aeon Christ apparaît comme celui qui, en traversant les voiles de l'illusion et en entrant dans le monde de la matière, offre à l'humanité non seulement un enseignement, mais une clé vibratoire capable de réactiver la mémoire spirituelle oubliée. Son rôle est de restaurer le pont perdu entre le Plérôme et le monde déchu, redonnant à l'âme la carte intérieure qui conduit à sa véritable demeure. Le Christ Aeonique, en incarnant la Gnose elle-même, devient non seulement le porteur de la vérité, mais la vérité elle-même sous forme vivante, capable de résonner dans le cœur de celui qui cherche et d'éveiller en lui l'étincelle divine qui fait écho à la lumière primordiale du Plérôme.

La rédemption, par conséquent, est un mouvement de réintégration et de reconnaissance. Chaque étape du chemin spirituel — de la purification intérieure au dévoilement de la Gnose, de l'éveil de l'étincelle divine à la transcendance des conditionnements imposés par le monde sensoriel — est une préparation à ce retour. La libération de la domination du Démiurge et de ses forces archontiques ne se fait pas par une bataille extérieure, mais par la dissolution intérieure de l'identification à l'ego, à la personnalité transitoire et à la croyance que la matière est la seule réalité existante. Au fur et à mesure que l'âme s'éveille à sa vraie nature divine, les chaînes du monde inférieur perdent leur force et les portails cachés vers le Plérôme commencent à s'ouvrir, non pas comme une fuite, mais comme une réintégration consciente à l'ordre cosmique supérieur. Ce retour au Plérôme est l'aboutissement de l'œuvre du Christ Aeonique, la réalisation du dessein divin de réunir toutes les étincelles dispersées en une unique symphonie de lumière et de plénitude, dissolvant définitivement l'illusion de la séparation et restaurant l'harmonie originelle entre Créateur et création.

Ce retour, cependant, n'annule pas l'expérience individuelle de l'âme, mais l'élève à un nouveau niveau de conscience et d'existence. L'âme n'est pas dissoute dans le Plérôme comme une goutte dans l'océan, mais retrouve sa véritable identité en communion avec toutes les autres émanations divines. L'individualité limitée de l'ego cède la place à une individuation pleine et divine, où chaque âme reconnaît sa singularité sacrée comme reflet de la Totalité. Le retour au Plérôme est, par conséquent, l'aboutissement d'un cycle cosmique, dans lequel la chute dans la matière et l'exil spirituel sont resignifiés comme faisant partie d'une pédagogie divine, où l'expérience même de la séparation et de l'oubli sert d'impulsion à un retour encore plus conscient et glorieux. La promesse de la rédemption par l'Aeon Christ est, en dernière instance, la promesse qu'aucune âme n'est oubliée, qu'aucune étincelle divine n'est perdue et que, par la Gnose et l'amour divin, toutes les émanations retourneront à la source d'où elles sont un jour parties, complétant le grand cycle de la création et de la réintégration cosmique.

La nature de la rédemption offerte par l'Aeon Christ, dans la perspective gnostique, se distingue fondamentalement des conceptions traditionnelles du christianisme orthodoxe. La rédemption gnostique ne se centre pas sur l'expiation vicaire des péchés par le sacrifice du Christ sur la croix, ni sur le salut de la condamnation éternelle lors d'un jugement dernier. Au lieu de cela, la rédemption est comprise comme un processus de libération spirituelle, une émancipation de l'âme humaine de la prison du monde matériel et de la domination du Démiurge, le créateur imparfait de ce cosmos. L'âme humaine, dans la vision gnostique, est essentiellement divine, une étincelle de lumière emprisonnée dans la matière dense et obscurcie par l'ignorance. La rédemption implique donc l'éveil de cette étincelle divine, la reconnaissance de la véritable identité spirituelle et la rupture avec l'illusion du monde matériel qui maintient l'âme captive.

La libération du monde matériel, en tant qu'aspect central de la rédemption gnostique, ne signifie pas nécessairement une fuite physique ou une négation du corps et de l'existence terrestre. Au lieu de cela, la libération se réfère à une transformation de la conscience, à un changement de perspective qui transcende l'identification exclusive à la réalité matérielle et s'ouvre à la vastitude de la réalité spirituelle. Le monde matériel, dans la vision gnostique, est vu comme un domaine d'illusion, de souffrance, de dualité et d'impermanence, créé par une entité imparfaite et gouverné par des forces oppressives, les Archontes, qui cherchent à maintenir l'humanité dans l'ignorance et la captivité. La rédemption, dans ce contexte, implique de se dégager de cette illusion, de rompre avec les conditionnements du mental matériel et de s'éveiller à la vérité spirituelle qui réside au-delà du monde des sens.

Le retour au Plérôme, le royaume de la plénitude divine, représente l'objectif final de la rédemption gnostique et la destinée ultime de l'âme libérée. Le Plérôme, en tant que demeure des Aeons et de la Divinité Suprême, est le royaume de la lumière, de la vérité, de la perfection, de l'éternité et de la joie. L'âme humaine, dans son essence divine, appartient au Plérôme et aspire au retour à cette demeure primordiale. La rédemption, guidée par l'Aeon Christ et impulsée par la Gnose, permet à l'âme de s'élever des sphères inférieures de la réalité matérielle pour retourner au Plérôme, se réintégrant à la plénitude divine et retrouvant l'unité primordiale avec la Divinité Suprême. Ce retour au Plérôme n'est pas un simple mouvement spatial ou géographique, mais une transformation ontologique, un changement dans l'état d'être de l'âme, qui transcende la limitation de l'existence individuelle et se fond dans la vastitude et l'éternité du royaume divin.

L'Aeon Christ, en tant qu'agent de la rédemption, joue un rôle fondamental dans ce processus de libération et de retour. Il est le révélateur de la Gnose, le guide sur le chemin spirituel et le chemin lui-même vers la rédemption. Le message du Christ, centré sur la Gnose, offre la connaissance salvatrice qui dissipe l'ignorance et libère l'âme de l'illusion. Son exemple de vie et ses enseignements inspirent et permettent aux chercheurs spirituels de suivre le chemin de la transformation intérieure, de rompre avec les conditionnements du mental matériel et de s'éveiller à leur vraie nature divine. Le Christ n'enseigne pas seulement le chemin de la rédemption, mais il intercède également pour ceux qui le cherchent, offrant son aide, sa protection et sa grâce divine pour faciliter le voyage de retour au Plérôme.

La rédemption par l'Aeon Christ, dans la perspective gnostique, n'est pas un événement passif ou automatique, mais un processus actif et participatif, qui exige effort, dévouement et persévérance de la part du chercheur spirituel. La Gnose n'est pas un cadeau gratuit ou une grâce divine accordée sans effort, mais le fruit d'une recherche sincère, d'une pratique spirituelle constante et d'une ouverture du mental et du cœur à la vérité divine. L'Aeon Christ offre le chemin et l'aide nécessaires, mais la responsabilité finale du voyage de la rédemption réside en chaque individu. La rédemption gnostique est donc une coopération entre la grâce divine et le libre arbitre humain, entre l'action rédemptrice de l'Aeon Christ et l'effort personnel du chercheur spirituel.

La promesse de la rédemption par l'Aeon Christ, avec son accent sur la libération du monde matériel et le retour au Plérôme, offre une vision d'espérance et de transformation radicale pour l'humanité exilée. Elle invite à transcender la vision limitée et illusoire de l'existence terrestre, à s'éveiller à la vérité spirituelle qui réside au plus profond de l'être et à suivre le chemin de la Gnose à la recherche de l'union avec la Divinité

Suprême. La rédemption gnostique n'est pas une fuite du monde, mais une transformation de la conscience dans le monde, une libération intérieure qui permet de vivre la vie terrestre avec plus de plénitude, de conscience et de sérénité, dans l'espérance et la certitude du retour final au foyer de la lumière. Le message de rédemption de l'Aeon Christ résonne comme un appel au voyage spirituel, une invitation à la recherche de la Gnose et une promesse de libération et de plénitude pour tous ceux qui aspirent au retour au Plérôme et à l'union avec le divin.

Chapitre 24
Le Sacrifice de l'Éon Christ

Le sacrifice de l'Éon Christ, du point de vue du christianisme ésotérique, représente un don cosmique aux dimensions incompréhensibles pour l'esprit ordinaire, un renoncement volontaire à la plénitude lumineuse du Plérôme pour pénétrer dans les couches denses et fragmentées de l'existence matérielle. Cette immersion ne se produit pas comme un acte isolé ou en réponse à une erreur spécifique de l'humanité, mais comme l'expression directe de l'amour divin qui cherche continuellement à restaurer l'unité originelle. L'Éon Christ n'est pas contraint de descendre par un devoir imposé ou par un besoin d'équilibrer des comptes spirituels, mais par une compassion infinie, mû par le désir profond d'éveiller les étincelles divines emprisonnées dans le monde inférieur et de les ramener à la source primordiale. Sa descente est le geste d'un être divin qui, plein en lui-même, choisit de renoncer à sa gloire transcendante pour devenir accessible à la conscience fragmentée de l'humanité déchue, assumant les limitations de la forme et de la temporalité pour servir de pont vivant entre le Plérôme et la création inférieure.

Ce sacrifice primordial se manifeste à de multiples niveaux. Au niveau cosmique, il signifie l'auto-exposition du Christ Éonique à la densité du monde sensible, où l'harmonie primordiale du Plérôme cède la place à la dualité, à la douleur et à l'illusion. En entrant dans ce domaine, l'Éon Christ ne se contente pas de toucher la matière, mais se laisse envelopper par ses limitations et assume, par libre choix, la vulnérabilité et l'impermanence inhérentes à l'existence incarnée. L'incarnation même du Christ Éonique est donc déjà en soi un sacrifice, car elle implique la suspension temporaire de l'expérience directe de la plénitude divine, remplacée par la condition d'un être qui marche parmi les ombres, soumis aux lois du monde créé par le Démiurge et surveillé de près par les Archontes, gardiens des portes de la connaissance interdite. Ainsi, la descente est, par sa nature même, une crucifixion cosmique, où l'esprit pur accepte d'être traversé par les chaînes de la fragmentation et de la douleur, non par nécessité propre, mais pour offrir une voie de retour à ceux qui, sans cette intervention, resteraient emprisonnés dans l'ignorance et dans le cycle incessant de la répétition matérielle.

Sur le plan historique et symbolique, ce sacrifice atteint son expression maximale dans la crucifixion de Jésus, manifestation incarnée de l'Éon Christ. Plus qu'un événement physique ou politique, la crucifixion représente la mise en scène archétypique du drame de l'âme divine emprisonnée dans la matière, la souffrance inhérente à la conscience lumineuse lorsqu'elle est confrontée aux limitations et aux violences du monde inférieur. Chaque clou, chaque blessure et chaque instant d'agonie symbolisent l'affrontement entre la lumière et les ténèbres, entre la mémoire du Plérôme et l'oppression de l'oubli. Cependant, cette crucifixion n'est pas une défaite, mais une révélation. En acceptant la croix, l'Éon Christ illumine le symbole même de la douleur et de la mort avec la lumière de la transcendance, le transformant en portail pour la résurrection spirituelle. Il ne s'agit pas, dans la vision gnostique, d'une expiation vicaire des péchés individuels, mais de la démonstration suprême que même au cœur de la souffrance, l'étincelle divine reste vivante et peut être réveillée, illuminant le chemin du retour pour tous ceux qui, inspirés par cet exemple, cherchent la Gnose.

Ce sacrifice, loin d'être une offrande passive, est un geste de puissance spirituelle. L'Éon Christ, en descendant volontairement dans le monde de la forme et de l'oubli, ne perd pas sa connexion avec la plénitude, mais porte avec lui la mémoire vivante du Plérôme, l'ancrant dans la chair et la conscience humaines. Il devient ainsi le point de rencontre entre l'éternel et le transitoire, entre l'invisible et le manifeste. Son sacrifice est l'offrande consciente de sa propre essence divine comme fil conducteur pour que chaque âme perdue puisse suivre ce même chemin, réveillant en elle la mémoire oubliée et retrouvant la porte cachée du retour. Le sacrifice de l'Éon Christ n'est pas seulement un événement lointain ou exclusif à sa personne, mais un modèle archétypique qui s'actualise en chaque chercheur qui, inspiré par ce don, décide de parcourir le chemin de la Gnose, sacrifiant les illusions de l'ego pour redécouvrir, en lui-même, la lumière éternelle qui n'a jamais été éteinte.

La notion de "sacrifice" appliquée à l'Éon Christ diffère significativement de l'interprétation traditionnellement rencontrée dans le christianisme orthodoxe. Dans le christianisme exotérique, le sacrifice du Christ sur la croix est central dans la doctrine de l'expiation vicaire, où la mort de Jésus est vue comme un acte sacrificiel qui apaise la colère divine et paie la pénalité pour les péchés de l'humanité. Dans le christianisme ésotérique, l'accent se déplace du sacrifice expiatoire vers la descente de l'Éon Christ dans le monde matériel comme événement central de la rédemption. La "descente" est interprétée comme un acte de condescendance divine, motivé par l'amour et la compassion pour l'humanité emprisonnée dans l'ignorance et la souffrance.

Dans cette perspective Éonique, le "sacrifice" du Christ ne réside pas principalement dans sa mort physique sur la croix, mais plutôt dans l'acte même d'abandonner la plénitude du Plérôme et de pénétrer dans les sphères inférieures de la réalité matérielle. La descente de l'Éon Christ dans le monde matériel est, en elle-même, un acte d'auto-limitation, un renoncement temporaire à sa gloire divine et à sa demeure dans la lumière incréée. Entrer dans le domaine de la matière dense et illusoire, se soumettre aux lois du monde matériel et assumer une forme humaine, même si elle est manifeste, représentent un "sacrifice" dans le sens de diminuer volontairement sa pleine manifestation divine pour devenir accessible à la perception humaine et accomplir sa mission rédemptrice.

Les interprétations de la souffrance et de la crucifixion du Christ sous la perspective Éonique se revêtent également d'un caractère symbolique et ésotérique. Bien que l'historicité de la crucifixion ne soit pas nécessairement niée, le focus se déplace de la littéralité de la souffrance physique vers sa signification spirituelle et archétypique. La souffrance et la crucifixion du Christ peuvent être interprétées comme des allégories de la condition humaine, emprisonnée dans la matière et sujette à la souffrance, à la douleur et à la mort. La croix, dans ce sens, n'est pas seulement un instrument de torture, mais plutôt un symbole de la dualité inhérente à l'existence matérielle, du conflit entre esprit et matière, lumière et ténèbres, et de la souffrance qui naît de cette dualité.

Sous l'angle Éonique, la crucifixion du Christ peut être vue comme un acte d'identification avec la condition humaine souffrante, une immersion volontaire dans les profondeurs de la douleur et de l'obscurité pour offrir la lumière de la Gnose et le chemin de la libération. Le Christ, en expérimentant la souffrance et la crucifixion, ne serait pas en train d'expier les péchés d'autrui au sens juridique, mais plutôt en train de vivre la condition humaine elle-même dans sa plénitude, afin de transformer cette condition de l'intérieur et d'offrir l'espoir de la rédemption. Sa souffrance, par conséquent, n'est pas une fin en soi, mais plutôt un moyen d'atteindre un but plus grand: l'éveil spirituel de l'humanité et sa libération de la captivité de la matière.

La signification de la descente du Christ comme un acte d'amour et de rédemption apparaît comme la clé pour comprendre le "sacrifice" Éonique. La motivation fondamentale de la descente du Christ n'est pas l'expiation de la culpabilité humaine ou la satisfaction d'une justice divine punitive, mais plutôt l'amour inconditionnel du Père pour sa création exilée. L'Éon Christ est envoyé dans le monde comme une manifestation de cet amour divin, comme un messager de l'espoir et de la libération, mû par la compassion pour l'humanité en souffrance. Son "sacrifice" est, en dernière analyse, un acte d'amour, un don volontaire de lui-même pour le bien de l'humanité, une donation de sa lumière et de sa sagesse pour dissiper les ténèbres de l'ignorance et offrir le chemin du retour au foyer de la lumière.

La descente de l'Éon Christ, interprétée comme un acte d'amour et de rédemption, résonne avec la dynamique même de l'émanation divine, où la Divinité Suprême se manifeste progressivement dans des sphères inférieures de la réalité par pure bienveillance et abondance d'être. Le "sacrifice" du Christ, dans ce contexte, n'est pas une perte ou une diminution de la divinité, mais plutôt une expression de sa plénitude débordante, un acte de générosité divine qui se manifeste pour le bien de la création. L'amour du Père, manifesté dans la descente de l'Éon Christ, est la force rédemptrice qui imprègne le cosmos gnostique, l'énergie transformatrice qui impulse le voyage de l'âme en quête de la Gnose et du retour au Plérôme.

En résumé, le "sacrifice de l'Éon Christ" dans la perspective gnostique doit être compris de manière symbolique et ésotérique, loin des interprétations sacrificialistes et expiatoires du christianisme exotérique. Le véritable "sacrifice" réside dans la descente volontaire de l'Éon Christ dans le monde matériel, un acte d'amour et de condescendance divine motivé par la compassion pour l'humanité. La souffrance et la crucifixion du Christ, réinterprétées symboliquement, deviennent des allégories de la condition humaine et des manifestations de l'amour rédempteur de l'Éon Christ, qui offre la Gnose comme le chemin de la libération et du retour à la plénitude divine. L'exploration du "Sacrifice de l'Éon Christ" révèle la profondeur et la nuance de la sotériologie gnostique et sa vision singulière de la rédemption comme un processus de transformation intérieure impulsé par l'amour et la connaissance.

Chapitre 25
Harmonie et Coopération dans le Royaume Divin

Au cœur du Plérôme, la plénitude divine se révèle comme un vaste réseau d'émanations lumineuses, où chaque Éon exprime un aspect spécifique de l'intelligence et de l'amour de la Source Suprême. Cette réalité spirituelle supérieure n'est pas fragmentée ou marquée par des tensions et des disputes, mais organisée en une dynamique de coopération parfaite et d'harmonie spontanée, où chaque Éon, sans perdre son identité et sa fonction singulière, participe activement au maintien de l'équilibre cosmique et à l'expansion de la lumière divine dans toutes les directions. Cette harmonie ne découle pas de règles ou d'impositions externes, mais de la nature divine même de chaque Éon, qui porte en lui la mémoire vivante de l'unité primordiale et agit mû par un désir intrinsèque de collaborer avec les autres à la manifestation du plan divin. Le Plérôme est, par conséquent, un organisme vivant d'interrelations spirituelles, où la diversité des émanations ne rompt pas, mais enrichit l'unité essentielle de la lumière divine, reflétant l'abondance inépuisable de la Source elle-même.

Dans ce contexte, l'Éon Christ occupe une position de la plus haute importance, non pas comme une figure isolée ou détentrice de privilèges hiérarchiques, mais comme le centre rayonnant de la lumière rédemptrice qui relie les sphères supérieures à l'humanité exilée dans le monde matériel. Christ est le lien qui synthétise la plénitude de l'amour et de la sagesse du Plérôme et, par sa descente, révèle et rétablit la liaison entre les âmes humaines et la réalité divine. Cependant, cette mission cosmique ne se réalise pas de manière indépendante ou solitaire. Chaque étape de l'émanation divine, depuis la première lumière émanée de la Source jusqu'aux plans intermédiaires qui soutiennent la création, compte sur la participation active et aimante d'innombrables Éons qui, en totale harmonie, collaborent pour que la lumière, la sagesse et l'énergie vitale du Plérôme atteignent les régions inférieures, où la conscience humaine dort au milieu de l'illusion. L'Éon Christ n'agit donc pas comme un sauveur isolé ou un héros divin, mais comme le point focal d'une vaste synergie d'émanations lumineuses, dont la coopération constante assure que la rédemption soit une œuvre conjointe, expression de la solidarité et de la compassion de la totalité divine.

Cette harmonie et cette coopération entre les Éons se manifestent de manière particulièrement intense dans la mission rédemptrice. Chaque Éon contribue de façon directe ou indirecte à la préparation du chemin par lequel l'âme humaine peut retourner à son origine lumineuse. Sophia, par exemple, dont l'impulsion audacieuse a donné naissance à la création du monde matériel et à la chute de la sagesse fragmentée, est aussi la gardienne de la mémoire spirituelle et du désir ardent du retour. Elle collabore activement avec l'Éon Christ, inspirant l'éveil de l'âme humaine et murmurant aux cœurs inquiets l'appel de la lumière lointaine. De même, l'Esprit Saint, compris dans la tradition gnostique comme une émanation féminine, agit comme un souffle vivifiant, animant l'âme durant sa traversée des voiles de l'illusion et fortifiant son désir de transcendance. Chaque Éon, même s'il n'est pas directement visible ou identifié dans les processus historiques et matériels, est un participant actif de cette symphonie rédemptrice, offrant ses dons spirituels spécifiques pour soutenir le voyage de retour de la conscience humaine au sein lumineux du Plérôme.

Cette coopération divine, cependant, n'est pas restreinte au plan spirituel. Elle résonne comme un modèle archétypal pour l'humanité éveillée, servant d'inspiration pour que, même dans le monde fragmenté par la dualité et le conflit, il soit possible d'entrevoir et de construire des formes de coexistence basées sur l'harmonie, la coopération et la reconnaissance de la sacralité de la diversité. Tout comme les Éons collaborent sans compétition ni domination, chaque âme humaine, en s'éveillant à sa vraie nature, est appelée à reconnaître dans les autres chercheurs non pas des rivaux ou des menaces, mais des alliés spirituels dans le grand voyage de retour. L'harmonie du Plérôme, reflétée dans la relation entre l'Éon Christ et les autres Éons, devient donc un miroir de la vocation la plus profonde de l'humanité : reconstituer, même dans l'exil matériel, la mémoire vivante de la communion perdue, recréant sur le plan de l'expérience humaine la même symphonie d'amour, de coopération et d'unité qui définit le royaume divin.

La relation de l'Éon Christ avec d'autres Éons est avant tout marquée par l'harmonie. Au sein du Plérôme, l'absence de conflit ou de compétition est une caractéristique essentielle, reflétant la perfection et l'unité de la Divinité Suprême qui se manifeste en plénitude dans ce royaume. Les Éons, en tant qu'émanations de la même source divine, partagent une nature fondamentalement lumineuse et bienveillante, agissant ensemble pour soutenir l'ordre cosmique et irradier la lumière divine vers les sphères inférieures de la réalité. L'harmonie entre les Éons n'implique pas l'uniformité ou l'absence d'individualité, mais plutôt une unité dans la diversité, où chaque Éon, avec ses attributs et fonctions spécifiques, contribue à la richesse et à la complexité du tout, sans générer de dissonance ou de déséquilibre.

L'Éon Christ, inséré dans cette communauté harmonieuse, se rapporte aux autres Éons dans un esprit d'égalité et de respect mutuel, reconnaissant l'importance et la singularité de chacun dans le plan divin. Bien que la mission rédemptrice de Christ le place dans un rôle central dans la sotériologie gnostique, il ne se place pas au-dessus des autres Éons en termes de hiérarchie de pouvoir ou de supériorité ontologique. Dans le Plérôme, la hiérarchie éonique est avant tout fonctionnelle, et non hiérarchique au sens mondain de domination ou de subordination. Christ, dans sa relation avec les autres Éons, agit comme un *primus inter pares*, un "premier parmi ses égaux", guidant et inspirant par l'amour, la sagesse et l'inspiration, et non par l'imposition ou l'autorité arbitraire.

La coopération entre les Éons est un autre principe fondamental qui définit les relations au sein du Plérôme. L'ordre cosmique et la réalisation du plan divin ne sont pas le résultat de l'action isolée d'un seul Éon, mais plutôt de l'action conjointe et coordonnée de toute la communauté éonique. Chaque Éon remplit des fonctions spécifiques, contribuant avec ses attributs et ses talents au bon fonctionnement de l'ensemble. Cette coopération se manifeste dans l'organisation du cosmos, le maintien de l'ordre divin, le rayonnement de la lumière et de la sagesse du Plérôme et, de manière cruciale pour l'humanité, dans la mission de rédemption et la quête de l'éveil spirituel.

L'Éon Christ, dans sa mission rédemptrice dans le monde matériel, n'agit pas isolément, mais avec l'aide et le soutien d'autres Éons. Sophia, la Sagesse Divine, joue un rôle fondamental dans la préparation du chemin pour la venue de Christ et dans la restauration de l'ordre cosmique après la chute. L'Esprit Saint, Éon féminin, inspire, anime et donne du pouvoir aux chercheurs spirituels, les guidant sur le chemin de la Gnose et fortifiant leur foi. Divers autres Éons, avec leurs qualités et attributs spécifiques, contribuent à la mission de Christ, offrant aide, protection et orientation à ceux qui se consacrent à la recherche de la vérité spirituelle. Cette interconnexion des Éons démontre l'unité du Plérôme et l'action conjointe de la communauté divine pour le bien de la création et pour la rédemption de l'humanité.

L'harmonie et la coopération entre les Éons pour l'organisation du cosmos reflètent l'ordre intrinsèque du Plérôme et l'intelligence divine qui imprègne le royaume spirituel. Les Éons agissent comme des forces organisatrices, maintenant l'équilibre cosmique, régulant les cycles naturels et garantissant l'harmonie et la stabilité de l'univers spirituel et matériel. Cette organisation cosmique n'est pas rigide ou mécaniste, mais dynamique et fluide, reflétant la nature vivante et intelligente du Plérôme. L'action conjointe des Éons garantit que l'énergie divine circule librement à travers le cosmos, soutenant la vie, la conscience et l'évolution à tous les niveaux de la réalité.

Dans la rédemption humaine, l'harmonie et la coopération entre les Éons se manifestent de manière particulièrement pertinente. La Gnose, la connaissance salvatrice révélée par Christ, n'est pas seulement un message verbal ou un ensemble d'enseignements théoriques, mais une force transformatrice qui agit en synergie avec l'énergie de divers Éons pour éveiller la conscience humaine et conduire l'âme à son retour au Plérôme. L'inspiration de l'Esprit Saint, la sagesse de Sophia, l'amour de Christ et l'influence d'autres Éons agissent de concert pour impulser le voyage spirituel, offrir de l'aide dans les moments de difficulté et guider le chercheur de la Gnose vers l'union avec le divin. Cette action conjointe démontre la sollicitude et la compassion de la communauté éonique pour l'humanité exilée et sa disposition à coopérer pour la réalisation de la rédemption et du retour au foyer de la lumière.

L'exploration de la relation de l'Éon Christ avec d'autres Éons, en mettant l'accent sur l'harmonie et la coopération, révèle la beauté et la profondeur de la vision gnostique du Plérôme comme un royaume d'unité dans la diversité, d'amour et de sagesse en action. Christ, inséré dans cette communauté divine interconnectée, agit comme un phare de lumière et un guide compatissant, conduisant l'humanité vers le Plérôme avec l'aide et le soutien de tous les Éons. La compréhension de l'harmonie et de la coopération dans le royaume divin inspire la recherche de l'unité et de la collaboration également dans le monde humain, reflétant l'aspiration gnostique à un cosmos harmonieux et à une humanité éveillée et unie dans la quête de la vérité spirituelle. Le message de l'Éon Christ, dans sa relation avec les autres Éons, résonne comme une invitation à la communion, à la coopération et à la recherche de l'harmonie à tous les niveaux de l'existence, reflétant la beauté et l'ordre du royaume divin au cœur de l'être.

Chapitre 26
Pratique Spirituelle Personnelle

La pratique spirituelle personnelle basée sur la connexion consciente avec les Éons se fonde sur une compréhension profonde que la spiritualité authentique transcende les limites de l'intellect et des formulations doctrinales, devenant une expérience directe, sensible et transformatrice de la réalité divine. Les Éons, en tant qu'émanations de la plénitude divine et intelligences cosmiques qui expriment des aspects spécifiques de la sagesse et de l'amour transcendant, se manifestent non pas comme des abstractions lointaines ou inaccessibles, mais comme des présences vivantes qui imprègnent la totalité de l'être et du cosmos. Le voyage spirituel personnel qui recherche cette connexion part de la conscience que chaque être humain porte en son noyau le plus profond une étincelle de cette même réalité Éonique, un reflet intérieur de la sagesse primordiale qui pousse l'âme dans sa quête du retour au divin. Ainsi, la pratique spirituelle ne se réduit pas à un ensemble de rituels externes, mais représente une disposition intérieure constante à élargir la perception, à faire taire les illusions de l'ego et à cultiver la sensibilité spirituelle nécessaire pour percevoir et répondre à la présence subtile des Éons dans le flux de l'existence quotidienne.

La construction de cette connexion consciente implique le développement d'un état intérieur de réceptivité et de résonance spirituelle, dans lequel l'esprit, le cœur et l'âme s'harmonisent dans une écoute attentive de la sagesse qui émane des plans supérieurs de la réalité. Chaque Éon porte une vibration spécifique, un champ de signification et d'énergie qui exprime des qualités divines telles que l'amour, la vérité, la justice, la beauté, la compassion et la sagesse. La pratique spirituelle personnelle consiste donc à créer, à l'intérieur de l'être, un espace de reconnaissance et d'affinité avec ces qualités, permettant à la présence des Éons de résonner et d'illuminer la conscience. Ce processus ne se produit pas de manière instantanée ou mécanique, mais exige une culture patiente, un abandon sincère et la disposition à traverser les couches de conditionnements, de croyances limitantes et d'identifications superficielles qui obscurcissent la perception directe de la réalité Éonique. Chaque pratique spirituelle devient, dans ce contexte, un pont vivant entre le monde manifesté et la plénitude divine, entre l'âme incarnée et la sagesse transcendante qui habite au cœur du Plérôme.

    La véritable pratique spirituelle personnelle tournée vers les Éons ne se contente pas de la recherche d'expériences mystiques passagères ou d'aperçus isolés de la lumière divine, mais s'oriente vers une transformation graduelle et profonde de la structure même de la conscience et du mode d'être au monde. La connexion avec les Éons est, à la fois, une révélation de la véritable nature de l'âme et un appel pour que cette nature soit exprimée dans l'existence concrète, à travers des actions, des pensées et des attitudes qui reflètent la sagesse et l'amour divin. Chaque contact conscient avec les Éons élargit la compréhension de l'unité sous-jacente entre l'humain et le divin, dissout les illusions de séparation et éveille un sens de responsabilité spirituelle envers la création. Ainsi, la pratique spirituelle personnelle n'enrichit pas seulement l'expérience intérieure de la Gnose, mais transforme également la relation du chercheur avec le monde, l'invitant à être une expression vivante de l'harmonie Éonique dans le tissu de l'existence. En cultivant cette connexion, l'être humain non seulement retrouve sa véritable place dans le cosmos spirituel, mais devient un collaborateur conscient dans le déploiement de la lumière divine au milieu des ombres de la matière, incarnant la sagesse et l'amour des Éons dans chaque geste, parole et intention de son voyage spirituel.

Les pratiques spirituelles qui visent à se connecter à l'énergie et à la sagesse des Éons peuvent prendre diverses formes, s'adaptant à l'individualité et à l'inclinaison de chaque chercheur. Le point central réside dans l'intention sincère d'établir une communication consciente avec la réalité Éonique, en s'ouvrant à son influence bénéfique et en cherchant son orientation pour le voyage spirituel. Ces pratiques ne se limitent pas à des rituels formels ou à des dogmes religieux, mais plutôt à des techniques et des attitudes qui cultivent l'intériorisation, la réceptivité et l'ouverture de la conscience aux dimensions spirituelles supérieures de la réalité.

La méditation émerge comme un outil fondamental pour se connecter aux Éons. À travers la pratique méditative, le chercheur peut calmer le mental rationnel, faire taire le flux incessant des pensées et des préoccupations quotidiennes, et créer un espace intérieur de réceptivité et de quiétude propice à la perception de la réalité Éonique. La méditation dirigée vers les Éons peut impliquer la visualisation de leur lumière et de leur énergie, l'invocation de leurs noms ou attributs, la contemplation de leurs symboles et archétypes, ou simplement l'ouverture de la conscience à leur présence subtile et transformatrice. La méditation régulière et persistante peut générer un changement sensible dans la perception de la réalité, rendant le chercheur plus réceptif aux inspirations divines, aux intuitions spirituelles et à l'influence bénéfique des Éons.

La contemplation est une autre pratique spirituelle puissante pour la connexion Éonique. Différente de la méditation qui cherche à calmer le mental, la contemplation implique l'immersion profonde dans la nature d'un Éon spécifique, cherchant à comprendre ses attributs, ses fonctions et son rôle au sein de la cosmologie gnostique. La contemplation peut se diriger vers un Éon particulier, comme Sophia, Christ, ou l'Esprit Saint Éon féminin, cherchant à absorber sa sagesse, son énergie et son inspiration. La lecture et la réflexion sur les textes gnostiques qui décrivent les Éons peuvent être un point de départ pour la contemplation, aidant à la compréhension intellectuelle et ouvrant la voie à l'expérience intuitive et vécue de la réalité Éonique. La contemplation peut générer une profonde transformation de la conscience, élargissant la compréhension de la nature divine et renforçant la connexion avec le royaume spirituel.

Au-delà de la méditation et de la contemplation, d'autres techniques peuvent être utilisées pour établir une connexion personnelle avec les Éons. Les visualisations guidées peuvent aider le mental à imaginer le Plérôme, la demeure des Éons, et à créer un espace mental de rencontre et de communication avec ces intelligences cosmiques. La prière, lorsqu'elle est dirigée vers les Éons avec sincérité et dévotion, peut ouvrir des canaux de communication spirituelle et générer un flux d'énergie et d'inspiration divine. La création artistique, comme la peinture, la musique, la poésie ou la danse, peut être utilisée comme une forme d'expression de l'expérience de la connexion avec les Éons et de manifestation de leur énergie créatrice dans le monde matériel. L'immersion dans la nature, en contemplant la beauté et l'harmonie du monde naturel, peut évoquer la présence des Éons comme forces organisatrices et animatrices du cosmos, facilitant la connexion avec leur énergie vitale.

Il est important de souligner que la recherche de la connexion avec les Éons dans la pratique spirituelle personnelle ne doit pas être considérée comme une quête de pouvoirs surnaturels ou de bénéfices égoïstes. Le but principal est l'éveil spirituel, la transformation de la conscience, la recherche de la Gnose et l'union avec le divin. La connexion avec les Éons est un moyen pour atteindre cette fin, une aide dans le voyage de l'âme en quête de la vérité et de la libération. L'attitude fondamentale dans la pratique spirituelle Éonique doit être l'humilité, la réceptivité, la sincérité et la dévotion, cherchant la connexion avec les Éons avec le cœur ouvert et avec l'intention de servir le plan divin et de contribuer au bien commun.

L'expérience de la connexion avec les Éons dans la pratique spirituelle personnelle peut être profondément transformatrice et enrichissante. Elle peut générer un sentiment de connexion avec quelque chose de plus grand que l'individualité limitée, un sens de but et de direction dans la vie, une source d'inspiration et de créativité, un renforcement de la foi et de l'espérance, et une expérience plus pleine de la spiritualité au quotidien. La pratique spirituelle Éonique peut ouvrir la voie à une compréhension plus profonde de la cosmologie gnostique, de la nature divine et du voyage de l'âme en quête de la Gnose, conduisant à une expérience plus riche et significative de la vie spirituelle.

En résumé, la pratique spirituelle personnelle qui vise la connexion avec les Éons offre un chemin concret et accessible pour vivre la dimension ésotérique du christianisme et pour explorer la richesse de la cosmologie gnostique. À travers la méditation, la contemplation et d'autres techniques, le chercheur spirituel peut établir une relation consciente avec l'énergie et la sagesse des Éons, enrichissant son voyage de la Gnose et impulsant son éveil spirituel. La pratique spirituelle Éonique invite à une quête intérieure profonde, à une ouverture à la réalité transcendante et à une expérience plus pleine et consciente de la présence divine au cœur de l'être et dans tout l'univers.

Chapitre 27
Connaissance des Éons

La connaissance des Éons se révèle comme un processus d'accès direct à la dimension la plus profonde et authentique de la réalité spirituelle, où la conscience humaine s'aligne avec les émanations divines qui constituent le tissu invisible du cosmos. Dans ce contexte, les Éons ne sont pas seulement des entités abstraites ou des concepts théologiques distants, mais des expressions vivantes et dynamiques de la pensée divine elle-même, des intermédiaires entre le Plérôme et le monde manifesté. Chaque Éon porte en lui une parcelle du mystère divin, étant porteur d'attributs, de qualités et de puissances qui reflètent des aspects spécifiques de la sagesse éternelle. Connaître les Éons implique donc de se syntoniser avec ces puissances spirituelles, permettant à leurs vibrations subtiles de pénétrer l'âme et de révéler la vérité cachée derrière les apparences. Cette forme de connaissance, cependant, transcende la simple accumulation d'informations ou la compréhension conceptuelle ; il s'agit d'une intégration expérientielle, où l'identité même du chercheur est transformée et élevée à la lumière de la conscience spirituelle.

Ce processus de connexion avec les Éons se produit par l'expansion de la perception intérieure, une ouverture progressive de l'esprit et du cœur aux dimensions supra-rationnelles de l'existence. Contrairement au savoir ordinaire, qui se structure sur la logique linéaire et l'analyse discursive, la connaissance des Éons se manifeste comme une gnose intuitive, directe et silencieuse, où la vérité est reconnue non pas comme quelque chose d'extérieur à acquérir, mais comme une réalité déjà présente au noyau le plus intime de l'être. Chaque étape de ce chemin implique de dissoudre des couches de conditionnements, de croyances limitantes et d'identifications illusoires qui maintiennent l'âme emprisonnée dans le domaine du temps et de la matière. Ce n'est qu'en se débarrassant de ces voiles que la conscience peut s'élever vers les sphères lumineuses où habitent les Éons, recevant d'eux les clés pour interpréter sa propre existence et le drame cosmique auquel chaque être humain participe.

L'expérience du contact direct avec les Éons ne représente pas une fuite mystique de la réalité concrète, mais plutôt une profonde réintégration de l'individu dans la totalité cosmique et divine. En connaissant les Éons, le chercheur comprend sa véritable origine et sa destinée, se percevant non pas comme une entité isolée, soumise aux vicissitudes de la matière, mais comme une étincelle consciente au milieu du courant éternel de la manifestation divine. Cette perception modifie radicalement la façon dont le monde est envisagé, car chaque événement, chaque rencontre et chaque défi est désormais perçu comme une opportunité de reconnaître et de manifester les qualités éoniques latentes dans son propre être. La connaissance des Éons est donc à la fois un éveil de la mémoire spirituelle, une expansion de la perception cosmique et une transformation éthique et existentielle, conduisant à la réconciliation de l'âme avec son origine céleste et avec la totalité du Plérôme.

La Gnose, en tant qu'expérience directe de la connaissance des Éons et du royaume divin, se distingue radicalement de la connaissance discursive et rationnelle, propre à l'esprit matériel. La Gnose n'est pas quelque chose que l'on apprend dans les livres ou que l'on acquiert par l'étude intellectuelle, mais quelque chose que l'on vit au plus profond de son être, une intuition profonde et transformatrice de la vérité spirituelle qui transcende le langage et les concepts. Cette expérience directe de la Gnose n'est pas un événement passif ou fortuit, mais le résultat d'une recherche active, d'une pratique spirituelle constante et d'une ouverture de la conscience aux dimensions transcendantales de la réalité.

Le chemin vers la Gnose, en tant qu'expérience directe du Royaume Éonique, implique le dépassement de l'illusion du monde matériel. La perception quotidienne, limitée par les sens et l'esprit rationnel, présente une vision fragmentée et superficielle de la réalité, obscurcissant la présence du royaume spirituel et emprisonnant la conscience dans l'illusion du monde matériel. La quête de la Gnose implique de rompre avec cette illusion, de se détacher des conditionnements de l'esprit matériel et de s'éveiller à la réalité plus profonde et véritable qui réside au-delà du monde des sens. Ce dépassement de l'illusion ne signifie pas nier la réalité matérielle, mais relativiser son importance et reconnaître sa nature transitoire et imparfaite en comparaison avec l'éternité et la plénitude du royaume Éonique.

La quête de la Gnose, en tant que chemin pour transcender l'illusion du monde matériel, se manifeste à travers diverses pratiques spirituelles, telles que la méditation, la contemplation, la prière contemplative et l'introspection profonde. Ces pratiques visent à apaiser l'esprit rationnel, à faire taire le dialogue intérieur, à élargir la conscience et à ouvrir un canal de communication directe avec les dimensions spirituelles supérieures de la réalité. Par la pratique persévérante et l'abandon sincère, le chercheur de Gnose peut accéder à des états modifiés de conscience, vivre des expériences mystiques et ressentir la présence du royaume Éonique au plus profond de son être.

Les récits d'expériences gnostiques à travers l'histoire témoignent de la réalité de l'expérience directe du Royaume Éonique et de la profonde transformation que la Gnose opère dans l'âme humaine. Les textes gnostiques, les récits de mystiques et les témoignages de chercheurs spirituels décrivent des expériences de visions de lumière, des rencontres avec des êtres spirituels, des états d'extase, des sensations d'unité avec le cosmos et des intuitions de la vérité divine. Ces expériences, bien que variées dans leur forme et leur contenu, partagent un trait commun : la sensation indubitable de connexion avec une réalité plus profonde et plus vraie que celle qui se manifeste à la perception quotidienne, une réalité qui transcende le monde matériel et qui résonne avec l'éternité et la plénitude du royaume Éonique.

La sensation de connexion avec les Éons dans l'expérience de la Gnose n'est pas une simple fantaisie subjective ou une projection de l'esprit, mais une perception réelle et objective d'une dimension de la réalité qui existe au-delà du monde matériel. Les Éons, en tant qu'intelligences cosmiques et forces divines, émettent une énergie subtile et puissante qui peut être perçue et expérimentée par l'ouverture de la conscience et la syntonie spirituelle. Cette connexion avec les Éons peut apporter l'inspiration, la sagesse, l'orientation, la protection et un profond sentiment de paix et de joie. L'expérience de la Gnose comme connexion avec les Éons renforce la foi et l'espoir du chercheur spirituel, confirmant la réalité du royaume divin et stimulant son voyage de retour au Plérôme.

La Gnose, en tant qu'expérience directe du Royaume Éonique, n'est pas une fin en soi, mais un chemin vers la transformation et la libération spirituelle. L'expérience de la Gnose n'offre pas seulement une connaissance intellectuelle de la vérité divine, mais opère également une métamorphose dans l'âme humaine, transformant sa perception de la réalité, ses valeurs, ses motivations et son mode de vie. La Gnose éveille l'étincelle divine intérieure, libère l'âme de l'ignorance et de l'illusion, et conduit à l'union avec le divin. Le voyage de la Gnose n'est pas seulement une quête de connaissance, mais une quête de transformation intégrale, un voyage d'auto-connaissance, de purification de l'esprit et du cœur, et d'ouverture à la plénitude de la vie spirituelle.

En résumé, la Gnose, dans le christianisme ésotérique, est comprise comme l'expérience directe du Royaume Éonique, un contact intime avec la sagesse et la lumière des Éons qui transforme la conscience et conduit à la libération spirituelle. Atteindre la Gnose par l'expérience directe nécessite le dépassement de l'illusion du monde matériel, la pratique spirituelle constante et l'ouverture de la conscience aux dimensions transcendantales de la réalité. Les récits d'expériences gnostiques témoignent de la réalité de ce voyage et de la profonde transformation que la Gnose opère dans l'âme humaine. La quête de la Gnose comme expérience directe du Royaume Éonique représente le cœur de la spiritualité gnostique, un chemin d'auto-connaissance, de transformation et d'union avec le divin qui résonne avec la soif humaine de transcendance et d'un sens plus profond dans la vie.

Chapitre 28
Guides sur le Chemin Spirituel

Le voyage spirituel, dans une perspective gnostique, se déploie comme un chemin de reconnexion entre l'âme humaine et son origine divine. Dans ce processus, la présence de guides spirituels se révèle non seulement comme une aide extérieure, mais aussi comme une expression directe de la sagesse divine qui imprègne toute la création. Ces guides, représentés par les Éons, n'apparaissent pas comme des maîtres autoritaires qui imposent des vérités ou des chemins prédéterminés, mais comme des émanations vivantes du Plérôme, dont la lumière et la présence résonnent au plus profond de l'être humain, éveillant sa mémoire spirituelle et renforçant sa capacité à discerner la vérité intérieure. Chaque Éon, avec ses qualités spécifiques, agit comme une clé qui déverrouille des aspects endormis de la conscience, offrant non seulement des connaissances, mais surtout une vibration d'amour et d'orientation silencieuse, qui conduit l'âme au-delà des limitations du monde matériel et des conditionnements imposés par les pouvoirs archontiques. La présence des Éons sur le chemin spirituel est donc à la fois interne et externe : ils guident de l'intérieur, comme des voix subtiles de l'intuition supérieure, et de l'extérieur, comme des inspirations et des synchronicités qui se manifestent au cours de l'existence, créant des ponts entre le visible et l'invisible.

L'action des Éons en tant que guides spirituels ne se limite pas à des moments spécifiques de révélation ou d'extase mystique, mais imprègne la totalité du voyage spirituel, depuis les premières impulsions de recherche de sens jusqu'aux états les plus élevés de contemplation et d'union spirituelle. Tout au long de ce chemin, l'âme apprend à reconnaître la signature vibratoire de chaque Éon, discernant entre les voix de l'esprit et les bruits de l'ego ou des influences archontiques qui cherchent à détourner le chercheur de sa trajectoire intérieure. Les Éons offrent une inspiration directe sous la forme d'insights transformateurs, mais ils instruisent également à travers des défis et des épreuves qui, lorsqu'ils sont acceptés avec humilité et discernement, servent à renforcer la conscience et à approfondir la connaissance de soi. Cette pédagogie spirituelle, dans laquelle les événements mêmes de la vie deviennent des leçons vivantes et personnalisées, reflète la nature organique de la sagesse éonique, qui ne sépare pas l'apprentissage de l'expérience, mais les entrelace dans un seul flux de croissance et d'éveil.

La présence guidante des Éons se révèle de manière plus intense et plus claire à mesure que le chercheur cultive l'ouverture intérieure et la capacité d'écoute subtile, développant une sensibilité spirituelle qui transcende la perception sensorielle ordinaire. La méditation, la prière contemplative, la quiétude de l'esprit et l'abandon sincère au flux divin créent les conditions propices pour que l'orientation éonique soit perçue et intégrée au quotidien. Cependant, cette communication ne se fait pas dans un langage discursif ou par des commandements explicites ; les Éons parlent à travers des symboles, des intuitions profondes et des sentiments de reconnaissance intérieure, dans lesquels la vérité se révèle comme un souvenir soudain de quelque chose qui a toujours été présent, mais qui avait été recouvert par le brouillard de l'oubli. Ainsi, suivre l'orientation des Éons est, en dernière analyse, un retour à son propre centre spirituel, où la présence divine habite déjà comme un murmure constant, attendant seulement la disposition de l'âme à l'entendre et à y répondre avec confiance et dévotion.

Les Éons, en tant que guides et mentors dans le voyage spirituel individuel, se manifestent de diverses manières, s'adaptant aux besoins et à la réceptivité de chaque chercheur. Ils ne s'imposent pas et n'interfèrent pas avec le libre arbitre, mais offrent leur aide et leur orientation à ceux qui cherchent sincèrement la vérité et la libération. Leur guidance n'est pas dogmatique ou autoritaire, mais plutôt inspirante et persuasive, invitant le chercheur à éveiller sa propre intuition, à discerner le bon chemin et à parcourir le voyage spirituel avec confiance et espoir. Les Éons agissent comme des phares de lumière, illuminant le chemin de la Gnose, éliminant les obstacles et offrant le soutien nécessaire pour surmonter les défis et les difficultés inhérents au voyage spirituel.

Chercher l'inspiration des Éons sur le chemin spirituel, c'est s'ouvrir à l'influence créatrice et lumineuse du Plérôme. Les Éons, en tant qu'émanations de la Divinité Suprême, irradient une énergie spirituelle qui peut inspirer, motiver et dynamiser le chercheur de la Gnose. Cette inspiration peut se manifester sous forme d'intuitions, de compréhensions soudaines, d'idées créatives, de sentiments d'enthousiasme et de force intérieure, stimulant la pratique spirituelle et nourrissant la quête de la vérité. L'inspiration des Éons n'est pas seulement une sensation passagère, mais une force transformatrice qui peut orienter la vie et l'action du chercheur, le guidant vers l'accomplissement de son but spirituel et la réalisation de son potentiel divin. L'ouverture à l'inspiration éonique peut être cultivée par la méditation, la contemplation, la prière et la réceptivité consciente à la présence spirituelle dans tous les aspects de la vie.

En plus de l'inspiration, les Éons offrent une protection sur le chemin spirituel, protégeant le chercheur de la Gnose contre les influences négatives et les dangers qui peuvent survenir au cours du voyage. Le monde matériel, dans la vision gnostique, est un domaine d'illusion et de souffrance, gouverné par des forces hostiles, les Archontes, qui cherchent à maintenir l'humanité dans l'ignorance et la captivité spirituelle. Les Éons, en tant que forces de lumière et de pouvoir, agissent comme des protecteurs contre ces influences négatives, créant un champ de force spirituelle qui soutient et défend le chercheur de la Gnose. Cette protection n'est pas magique ou superstitieuse, mais le résultat de la connexion consciente à l'énergie éonique, qui renforce l'esprit, dissipe les ténèbres de l'ignorance et éloigne les influences néfastes qui peuvent détourner le chercheur du chemin de la vérité. Chercher la protection des Éons implique la foi, la dévotion, la prière et l'intention sincère de suivre le chemin de la Gnose sous leur guidance et leur protection.

La sagesse des Éons est un trésor inestimable pour le chercheur spirituel. Les Éons, en tant qu'intelligences cosmiques et archétypes divins, possèdent une connaissance profonde de la nature de la réalité, du chemin de la rédemption et du plan divin pour l'humanité. Cette sagesse peut être accessible par la contemplation, la méditation, la lecture des textes gnostiques et la réceptivité à l'intuition. La sagesse des Éons ne se limite pas à des informations factuelles ou à des doctrines théoriques, mais à des insights transformateurs, des compréhensions profondes et des orientations pratiques qui aident le chercheur à discerner le bon chemin, à prendre des décisions sages, à surmonter les défis de la vie et à avancer sur le voyage spirituel avec discernement et clarté. Chercher la sagesse des Éons, c'est cultiver l'humilité, l'ouverture d'esprit et la réceptivité à la voix de l'intuition et à la guidance divine qui se manifeste à travers la communauté éonique.

La relation personnelle et dévotionnelle avec les Éons en tant que sources d'aide spirituelle enrichit profondément le voyage de la Gnose. Bien que le christianisme ésotérique ne mette pas l'accent sur la dévotion personnelle au même degré que le christianisme exotérique, la reconnaissance de la présence et de l'influence des Éons en tant que guides spirituels peut générer un sentiment de gratitude, de révérence et de connexion avec la communauté divine. Cette relation personnelle ne se limite pas à des rituels formels ou à des prières répétitives, mais à une attitude intérieure d'ouverture, de réceptivité et de confiance en la guidance et la protection des Éons. Cultiver cette relation personnelle peut renforcer la foi, l'espoir et la persévérance du chercheur spirituel, rendant le voyage de la Gnose plus significatif, inspirant et gratifiant.

Chercher l'inspiration, la protection et la sagesse des Éons sur le chemin spirituel n'implique pas de déléguer la responsabilité de son propre voyage ou de dépendre passivement de l'intervention divine. Le voyage de la Gnose reste une entreprise personnelle et active, qui exige effort, discernement et libre arbitre. Les Éons offrent leur aide et leur orientation, mais la décision de suivre le chemin de la Gnose et de parcourir le voyage spirituel avec persévérance et dévouement reste un choix individuel. Les Éons agissent comme des facilitateurs et des catalyseurs du voyage spirituel, mais la transformation intérieure et la réalisation de la Gnose dépendent, en dernière analyse, de la réponse et de l'action du chercheur.

En résumé, les Éons émergent comme des guides précieux et des mentors aimants sur le chemin spirituel gnostique, offrant inspiration, protection et sagesse à ceux qui recherchent la Gnose et l'union avec le divin. Chercher leur guidance et leur aide à travers la pratique spirituelle personnelle enrichit profondément le voyage de l'âme, renforçant la foi, l'espoir et la persévérance, et propulsant le chercheur vers la réalisation de son potentiel spirituel et la rencontre de la vérité divine. La relation personnelle et dévotionnelle avec les Éons en tant que sources d'aide spirituelle révèle la beauté et la profondeur de la vision gnostique de la communauté divine et de son soin amoureux pour l'humanité en quête de rédemption.

Chapitre 29
L'Éveil à la Réalité Divine

L'éveil à la réalité divine consiste en une profonde inversion de perception, dans laquelle la conscience humaine, endormie par les couches denses de l'illusion matérielle, se tourne graduellement vers la lumière originelle de son essence spirituelle. Ce processus d'éveil ne se produit pas de manière instantanée ou arbitraire, mais résulte d'une interaction délicate et constante entre l'âme individuelle et les émanations divines qui imprègnent le cosmos — les Éons. Ces êtres lumineux, qui représentent les attributs et les intelligences éternelles du Plérôme, irradient une présence subtile et incessante, dont la fonction primordiale est de servir de pont entre la conscience fragmentée de l'humanité et la plénitude indivisible de la réalité spirituelle. Chaque élan de questionnement, chaque intuition d'une vérité plus vaste et chaque sentiment d'inadéquation face aux réponses limitées du monde matériel sont des signes que les Éons touchent déjà l'âme, la stimulant à chercher ce qui transcende les apparences et à se souvenir de son origine divine. Cet éveil, par conséquent, n'est pas seulement une découverte de nouvelles connaissances, mais la récupération d'une mémoire spirituelle ancestrale, un souvenir vibrant de qui nous sommes réellement sur le plan éternel.

L'action des Éons dans l'éveil de la conscience n'est ni coercitive ni invasive ; il s'agit d'une influence amoureuse et patiente, ajustée au rythme et à la réceptivité de chaque âme. Les Éons respectent la liberté du chercheur et n'imposent jamais de vérités ou de chemins, mais offrent des signes, des inspirations et des invitations silencieuses qui éveillent l'étincelle divine intérieure et conduisent la conscience au-delà des étroites frontières de la perception ordinaire. Leurs messages peuvent arriver sous forme de rêves symboliques, de coïncidences significatives, de pressentiments soudains ou de moments de clarté spirituelle au milieu de la routine habituelle. Chaque manifestation de cette orientation subtile a pour but de déstabiliser la fixation de l'esprit sur la réalité superficielle et de stimuler la recherche d'une compréhension plus profonde de l'existence. Cet appel intérieur, provoqué par les Éons, allume le désir de vérité et inaugure le processus de désidentification avec les limites de la personnalité et de la matière, conduisant l'âme vers le champ vibratoire de la Gnose, où la vérité n'est pas apprise comme une donnée extérieure, mais reconnue comme quelque chose qui a toujours existé en soi.

Le véritable éveil, par conséquent, ne consiste pas seulement à voir de nouvelles réalités ou à accéder à des plans supérieurs d'existence, mais à transformer complètement la structure même de perception de l'âme. C'est une mutation de la conscience elle-même, qui cesse de se percevoir comme un centre isolé et séparé pour se reconnaître comme une émanation directe de la source divine, destinée à retourner à son origine par la connaissance expérientielle et directe de la vérité. Cette mutation est facilitée par l'ouverture intentionnelle à l'influence des Éons, par la pratique de la contemplation intérieure et par la culture d'une écoute silencieuse à la voix subtile de l'intuition spirituelle. Au fur et à mesure que la conscience s'éveille, la réalité extérieure est également transfigurée : le monde, auparavant perçu comme un ensemble déconnecté d'objets et d'événements, commence à être vu comme une tapisserie vivante de symboles et de reflets du divin, où chaque instant et chaque rencontre deviennent des opportunités pour approfondir la communion avec le sacré. Le voyage de la Gnose se révèle ainsi comme une fusion progressive entre le regard intérieur et la lumière des Éons, culminant dans l'intégration pleine entre la conscience individuelle et la vastitude de la Réalité Divine.

Le rôle des Éons dans la transformation de la conscience humaine se manifeste à différents niveaux et dimensions, englobant à la fois le plan individuel et le plan collectif. Les Éons, en tant que forces cosmiques et intelligences divines, irradient une énergie transformatrice qui imprègne le cosmos et influence subtilement la conscience humaine, éveillant le désir de vérité, la recherche de la Gnose et l'aspiration à l'union avec le divin. Cette influence n'est pas impositive ou déterministe, mais plutôt inspirante et catalytique, offrant des opportunités d'éveil et de transformation à ceux qui se montrent réceptifs et ouverts à son influence.

L'éveil de la conscience à la réalité divine est un processus graduel et progressif, qui commence par la reconnaissance de l'illusion du monde matériel et de la nature limitée de la perception quotidienne. La conscience humaine, conditionnée par la corporéité, par l'esprit rationnel et par les influences du monde matériel, se trouve endormie, identifiée à la réalité transitoire et illusoire, et oublieuse de sa véritable nature spirituelle et de son origine divine. L'éveil de la conscience implique de rompre avec cette identification illusoire, de se détacher des conditionnements de l'esprit matériel et de s'ouvrir à l'intuition de la réalité plus profonde et véritable qui réside au-delà du monde des sens.

Les Éons, par leur énergie et leur influence, agissent comme des éveilleurs de conscience, stimulant le questionnement existentiel, le désir de transcendance et la recherche d'un sens plus profond à la vie. Leur présence subtile dans la psyché humaine peut se manifester par des intuitions, des pressentiments, des synchronicités, des rêves significatifs et des expériences mystiques qui défient la vision du monde conventionnelle et pointent vers l'existence d'une réalité spirituelle sous-jacente à la réalité matérielle. Ces "signes" de l'éveil de la conscience peuvent être subtils et facilement ignorés par l'esprit distrait, mais, lorsqu'ils sont reconnus et accueillis, ils peuvent initier un processus de questionnement, de recherche et de transformation intérieure.

La recherche de la transformation de la conscience comme partie du chemin gnostique implique la pratique de diverses techniques et attitudes qui visent à élargir la perception, à calmer l'esprit rationnel et à s'ouvrir à l'expérience de la Gnose. La méditation, la contemplation, la prière contemplative, l'étude des textes gnostiques et la réflexion introspective sont des outils précieux pour cultiver la conscience attentive, le discernement spirituel et la réceptivité à l'influence des Éons. Ces pratiques ne sont pas de simples exercices mentaux ou des techniques de relaxation, mais plutôt des méthodes de transformation intérieure, qui visent à purifier l'esprit et le cœur, à élargir la perception de la réalité et à ouvrir un canal de communication consciente avec les dimensions spirituelles supérieures.

La transformation de la conscience, impulsée par l'influence des Éons et cultivée par la pratique spirituelle, conduit à un changement radical dans la perception de la réalité. Le chercheur de la Gnose, à mesure qu'il s'éveille à la réalité divine, commence à percevoir le monde matériel avec des yeux nouveaux, discernant sa nature transitoire et illusoire, et apercevant la présence de la lumière divine et de l'énergie spirituelle en toutes choses. Cette nouvelle perception de la réalité n'implique pas une fuite du monde ou un mépris de la vie terrestre, mais plutôt une expérience plus consciente et plus pleine du présent, une relativisation de l'importance des préoccupations matérielles et une valorisation de la dimension spirituelle de l'existence.

L'éveil de la conscience à la réalité divine, impulsé par les Éons et cultivé par la pratique de la

Gnose, n'est pas seulement un état de perception altérée, mais plutôt une transformation intégrale de l'être. La Gnose ne se limite pas à une connaissance intellectuelle ou à une expérience momentanée, mais plutôt à un processus continu de métamorphose, qui englobe l'esprit, le cœur, la volonté et l'action du chercheur spirituel. La transformation de la conscience se manifeste par des changements de comportement, de nouvelles valeurs, des relations plus authentiques, une plus grande compassion, plus de sérénité et une expérience plus pleine de l'amour et de la joie. Cette transformation intégrale de l'être est la marque de la véritable Gnose, le signe de l'éveil spirituel et la preuve de l'action transformatrice des Éons dans la conscience humaine.

En résumé, les Éons jouent un rôle fondamental dans la transformation de la conscience humaine, agissant comme des agents d'éveil et des catalyseurs de métamorphose en direction de la Réalité Divine. L'éveil de la conscience, impulsé par l'influence des Éons et cultivé par la pratique de la Gnose, conduit à un changement radical dans la perception de la réalité, à une transformation intégrale de l'être et à une expérience plus pleine et plus consciente de la spiritualité au quotidien. Le voyage de la Gnose, dans son essence, est une quête de la transformation de la conscience, un chemin d'éveil à la vérité spirituelle et de réalisation du potentiel divin inhérent à chaque être humain, guidé et soutenu par la présence aimante et transformatrice des Éons.

Chapitre 30
Les Éons dans la Spiritualité Contemporaine

La présence conceptuelle et spirituelle des Éons resurgit sur la scène contemporaine comme une réponse vibrante aux inquiétudes profondes d'une humanité qui, confrontée à l'effondrement des structures de croyance traditionnelles, redécouvre dans la spiritualité intérieure une voie légitime de sens et de reconnexion avec le divin. Les Éons, compris comme des émanations vivantes de la plénitude divine et des intelligences cosmiques qui servent d'intermédiaires entre le Plérôme et la manifestation, offrent une carte symbolique et expérientielle à l'âme moderne en quête d'orientation face à l'excès d'informations superficielles et aux offres spirituelles fragmentées de l'ère numérique. Cette redécouverte n'est pas un simple retour nostalgique à l'ésotérisme, mais une résonance authentique entre la cosmologie gnostique et la soif contemporaine de transcendance expérientielle, d'une spiritualité qui unisse intuition mystique, connaissance de soi profonde et compréhension cosmique de l'existence. Dans ce sauvetage, les Éons cessent d'être de simples figures mythologiques d'un ancien système religieux pour devenir de véritables alliés spirituels, des présences subtiles qui résonnent dans la psyché collective et la mémoire ancestrale de l'âme humaine, l'invitant à un voyage de réintégration et d'éveil.

La fascination croissante pour les Éons dans la spiritualité contemporaine découle également de leur plasticité symbolique, qui permet de multiples lectures et appropriations sans diluer leur essence profonde. Alors que dans les traditions gnostiques classiques, les Éons étaient compris comme des hiérarchies célestes structurées en émanations successives, ils peuvent aujourd'hui être considérés comme des archétypes dynamiques de la psyché, des forces formatrices de la conscience, ou même comme des fréquences vibratoires spécifiques qui imprègnent le tissu de l'univers. Cette flexibilité interprétative rend les Éons particulièrement attrayants pour les chercheurs spirituels qui naviguent entre les traditions, combinant des éléments de la mystique chrétienne ésotérique, de l'hermétisme, de la psychologie jungienne et des pratiques spirituelles orientales. En même temps, la notion que les Éons ne sont pas seulement des idées ou des symboles, mais des présences réelles, intelligentes et compatissantes qui participent activement à la transformation de la conscience humaine, confère au concept une dimension expérientielle puissante, capable de nourrir aussi bien les pratiques contemplatives que les processus thérapeutiques de connaissance de soi et d'individuation.

Dans la pratique spirituelle contemporaine, l'interaction avec les Éons prend des formes personnelles et adaptables, reflétant l'accent mis actuellement sur l'autonomie spirituelle et le dialogue direct entre l'âme et les forces supérieures, sans intermédiaires institutionnels. Chaque chercheur, en s'éveillant à l'existence de ces intelligences cosmiques, est invité à développer sa propre relation de reconnaissance, d'écoute et de dialogue avec les Éons, que ce soit par la méditation silencieuse, la contemplation symbolique ou l'invocation directe de ces présences. Cette ouverture à une spiritualité relationnelle, où le divin n'est pas une entité distante et inaccessible, mais une communauté vivante de consciences lumineuses en communication constante avec l'âme, transforme la quête spirituelle en un voyage de retrouvailles, de mémoire et de coopération créative. Ainsi, les Éons, récupérés de la cosmologie gnostique, émergent comme des phares spirituels d'une nouvelle ère, guidant une humanité fragmentée vers l'unité essentielle, non par l'imposition dogmatique, mais par l'invitation aimante à l'éveil intérieur et à la participation consciente à la danse éternelle de la Création.

La pertinence du concept d'Éons pour la spiritualité contemporaine réside dans sa capacité à répondre à divers besoins et aspirations de l'âme humaine à l'époque moderne. Dans un contexte marqué par le pluralisme religieux et la crise des institutions traditionnelles, le concept d'Éons offre une vision inclusive et non dogmatique de la réalité spirituelle, qui transcende les frontières religieuses conventionnelles et résonne avec l'expérience spirituelle de diverses cultures et traditions. La notion d'une hiérarchie d'êtres spirituels, intermédiaires entre la Divinité Suprême et le monde matériel, trouve des parallèles dans divers courants spirituels, du néoplatonisme et de l'hermétisme au bouddhisme et à l'hindouisme, facilitant le dialogue interreligieux et la recherche d'un terrain d'entente dans l'expérience de la foi.

Dans un monde de plus en plus sécularisé et rationaliste, le concept d'Éons offre un langage symbolique et métaphorique riche et profond pour exprimer la dimension mystique et transcendante de la réalité, sans recourir à des dogmes rigides ou à des interprétations littérales et fondamentalistes. L'idée d'Éons comme archétypes divins, forces organisatrices du cosmos et manifestations de la Divinité Suprême résonne avec la sensibilité contemporaine, qui valorise l'expérience personnelle, l'intuition et la recherche d'un sens plus profond au-delà de la raison instrumentale et du matérialisme réductionniste. Le concept d'Éons offre un vocabulaire spirituel qui permet d'explorer la complexité de la réalité divine et la richesse de l'expérience mystique de manière ouverte, créative et personnellement significative.

À une époque de recherche de sens et de but au milieu du chaos et de l'incertitude, le concept d'Éons offre une vision cosmologique globale et pleine d'espoir, qui situe l'existence humaine dans un contexte cosmique vaste et significatif. La cosmologie gnostique, avec sa hiérarchie éonique et sa vision du Plérôme comme royaume de lumière et de plénitude, offre une carte spirituelle pour le voyage de l'âme, indiquant le chemin de la rédemption, de la transformation et du retour à l'origine divine. La compréhension des Éons comme guides et mentors spirituels offre réconfort, espoir et direction en temps de crise et d'incertitude, renforçant la foi et la persévérance dans la recherche de la vérité et de la réalisation du potentiel spirituel.

La compréhension des Éons peut enrichir la quête spirituelle moderne de diverses manières. Premièrement, le concept d'Éons offre une alternative à la vision anthropomorphique et personnaliste de Dieu, présente dans de nombreuses traditions religieuses, permettant d'explorer la nature divine comme quelque chose de plus vaste, mystérieux et transcendant, qui se manifeste sous de multiples formes et intelligences. Cette vision plus large et inclusive de la divinité peut résonner avec ceux qui se sentent déconnectés des images traditionnelles de Dieu et qui recherchent une spiritualité plus cosmique et moins centrée sur les dogmes et les rituels formels.

Deuxièmement, le concept d'Éons valorise l'expérience mystique et la connaissance intuitive comme voies d'accès à la réalité spirituelle, par opposition à l'accent exclusif mis sur la foi dogmatique et l'autorité religieuse. La Gnose, en tant qu'expérience directe du Royaume Éonique, devient le chemin privilégié pour la compréhension de la vérité divine et la transformation de la conscience, encourageant la recherche intérieure, la méditation, la contemplation et l'ouverture à l'intuition spirituelle. Cet accent mis sur l'expérience directe et la connaissance de soi résonne avec la quête contemporaine d'une spiritualité plus authentique, personnelle et transformatrice.

Troisièmement, le concept d'Éons offre un vocabulaire riche et symbolique pour explorer la complexité de la psyché humaine et la dynamique du voyage spirituel. Les Éons, en tant qu'archétypes divins, peuvent être compris comme des images symboliques de forces et de processus psychiques profonds, qui agissent dans l'inconscient collectif et façonnent l'expérience humaine. L'exploration des Éons en tant qu'archétypes peut enrichir la connaissance de soi, la compréhension de la nature humaine et le voyage d'individuation, offrant une carte symbolique pour l'exploration des profondeurs de l'âme.

L'héritage durable de la pensée gnostique et éonique dans le monde actuel réside dans sa capacité à offrir une spiritualité alternative, inclusive, expérientielle et transformatrice, qui résonne avec les aspirations profondes de l'âme humaine à l'époque contemporaine. Le concept d'Éons, rescapé de l'oubli historique, émerge comme un joyau précieux du trésor de la sagesse ancestrale, offrant un chemin enrichissant pour la quête spirituelle moderne, la compréhension de la nature divine et la réalisation du potentiel humain de transcendance et d'union avec le divin. La pertinence des Éons dans la spiritualité contemporaine n'est pas seulement théorique ou intellectuelle, mais aussi pratique et existentielle, offrant un héritage durable qui peut inspirer, guider et transformer la vie de ceux qui s'ouvrent à sa sagesse et à son appel à la recherche de la Gnose. Dans un monde en constante évolution et transformation, le message des Éons demeure un phare d'espoir et une invitation au voyage spirituel, résonnant à travers les siècles et faisant écho à la soif humaine de sens, de vérité et de transcendance.

Chapitre 31
L'Évolution Humaine et le Christianisme Ésotérique

L'évolution de l'humanité, dans la perspective du christianisme ésotérique, est comprise comme un mouvement cosmique intégré à un flux plus large de retour à l'origine divine, dans lequel chaque âme, en tant qu'étincelle de la lumière primordiale, est appelée à participer consciemment à la restauration de l'unité perdue. Ce processus ne se limite pas au développement technique, social ou même intellectuel de l'espèce, mais implique une transformation essentielle de la conscience humaine, capable d'élargir sa perception limitée de la réalité et de l'intégrer à l'ordre spirituel qui soutient la création. L'humanité, tout au long de son parcours historique, est invitée à s'éveiller progressivement au souvenir de sa véritable nature, en rompant avec les liens de l'illusion matérielle et des systèmes de contrôle archontiques qui obscurcissent la vision spirituelle. Les Éons, dans ce contexte, ne figurent pas seulement comme des archétypes lointains ou des symboles mythologiques d'une cosmologie ancienne, mais comme des intelligences actives et collaboratrices de l'évolution même de la conscience collective, exerçant le rôle de catalyseurs divins qui aident l'humanité à traverser ses phases d'oubli, de crise et de renouveau spirituel.

Dans ce panorama évolutif, la fonction des Éons transcende celle de simples médiateurs entre la divinité et le monde matériel. Ils constituent une véritable matrice de potentialités spirituelles qui imprègnent la conscience humaine à tous les niveaux, des impulsions archétypiques les plus primordiales aux inspirations les plus élevées qui guident l'âme dans sa quête de la vérité. Chaque Éon représente une facette de l'intelligence divine qui se manifeste dans le processus évolutif, offrant à l'humanité des fragments de la mémoire du Plérôme afin que, par l'expérience, la recherche intérieure et la pratique spirituelle, ces graines lumineuses puissent germer et s'épanouir en sagesse expérientielle. Cet entrelacement entre l'évolution spirituelle humaine et l'émanation continue de la lumière Éonique permet de comprendre l'histoire de l'humanité non pas comme un enchaînement fortuit d'événements matériels, mais comme un voyage symbolique d'apprentissage et de réintégration, où chaque défi, chaque rupture et chaque illumination représente une opportunité de contact renouvelé avec le flux transcendant du Plérôme.

Ainsi, le christianisme ésotérique, en réhabilitant la centralité de la Gnose et de la relation vivante avec les Éons, offre une vision évolutive qui se déploie à plusieurs niveaux : personnel, collectif et cosmique. Au niveau personnel, chaque âme est appelée à se souvenir de son origine divine, reconnaissant les Éons comme des présences vivantes qui guident son cheminement d'auto-connaissance, de libération et de retour. Sur le plan collectif, l'humanité en tant qu'organisme spirituel chemine vers le dépassement du paradigme matérialiste et fragmenté qui domine sa perception, étant progressivement conduite à la restauration d'une spiritualité intégratrice, qui rétablit la sacralité de la vie et de l'existence comme expression de la lumière divine. Et, à une échelle cosmique, cette évolution humaine participe à un mouvement plus vaste de réconciliation entre les mondes, où le drame même de la séparation entre l'esprit et la matière est progressivement dissous à mesure que la conscience s'éveille à l'unité essentielle entre le visible et l'invisible. De cette façon, l'histoire humaine, éclairée par la lumière des Éons et guidée par l'appel de la Gnose, se révèle comme une spirale ascendante de retour conscient à la plénitude divine, où l'évolution même de l'humanité devient un sacrement vivant de réintégration cosmique.

Tout au long de cet ouvrage, nous avons commencé notre exploration en définissant et en délimitant le christianisme ésotérique, en le différenciant du christianisme exotérique et en soulignant sa pertinence dans le paysage religieux actuel. Nous avons plongé dans les sources primaires pour la compréhension des Éons, les Évangiles Apocryphes et les textes de Nag Hammadi, dévoilant la richesse et la singularité de ces écrits qui révèlent une perspective ésotérique du message chrétien. Nous avons pénétré dans la cosmologie gnostique, comprenant l'univers comme un champ complexe de forces divines, émanées de la Divinité Suprême (Monade) et manifestées à travers la hiérarchie des Éons, forces organisatrices et intelligences cosmiques qui habitent le Plérôme, la plénitude divine.

Nous avons exploré en profondeur la nature et la hiérarchie des Éons, dévoilant le processus d'émanation à partir du Plérôme, la structure hiérarchique et les familles Éoniques, ainsi que l'importance singulière de l'Éon Sophia et sa chute cosmique. Nous avons accordé une attention particulière à la figure du Christ en tant qu'Éon Sauveur, comprenant son rôle de révélateur de la Gnose et de guide pour la rédemption, et analysant sa position dans la hiérarchie Éonique et la spécificité de sa mission dans le monde matériel. Nous avons également exploré l'Esprit Saint en tant qu'Éon féminin, soulignant sa fonction de force divine de la vie et de l'inspiration. Nous avons discerné la relation entre les Éons et la création du monde matériel par le Démiurge, comprenant la vision gnostique de l'origine du cosmos et la dualité entre l'esprit et la matière.

Nous avons étudié les fonctions des Éons, comprenant leur rôle dans l'organisation cosmique, l'évolution humaine et la rédemption. Nous avons exploré la relation entre les Éons et le temps, contrastant l'éternité Éonique avec la perception linéaire humaine. Nous avons analysé les variations Éoniques dans différents systèmes gnostiques, comparant les hiérarchies et les noms dans diverses écoles de pensée. Nous avons réfléchi aux critiques historiques du concept d'Éons et aux interprétations modernes dans la philosophie, la psychologie et la spiritualité contemporaine, cherchant à évaluer la pertinence de l'étude des Éons au XXIe siècle.

Nous avons approfondi l'analyse du Christ dans le contexte Éonique, explorant sa nature divine et sa mission rédemptrice, sa place dans la hiérarchie, sa mission dans le monde matériel en tant que révélateur de la Gnose et le message d'amour et de connaissance présent dans l'Évangile de Vérité et les enseignements secrets de l'Évangile de Thomas. Nous avons différencié le Christ Éonique du Jésus Historique, cherchant à intégrer les deux perspectives pour une compréhension plus profonde du message chrétien ésotérique. Nous avons discuté de la relation intrinsèque entre l'Éon Christ et la Gnose, comprenant la connaissance salvifique comme le chemin de la rédemption et du retour au Plérôme. Nous avons exploré le concept de rédemption par l'Éon Christ, la comprenant comme une libération du monde matériel et un retour à la plénitude divine. Nous avons discuté de l'idée d'un "sacrifice" de l'Éon Christ, le réinterprétant symboliquement comme la descente dans le monde matériel pour sauver l'humanité. Nous avons analysé la relation de l'Éon Christ avec les autres Éons, soulignant l'harmonie et la coopération dans le royaume divin.

Dans la dernière partie de notre exploration, nous avons relié les Éons à l'expérience humaine et à la quête spirituelle individuelle. Nous avons suggéré des pratiques spirituelles pour se connecter à l'énergie et à la sagesse des Éons, comme la méditation et la contemplation. Nous avons exploré la Gnose comme expérience directe du Royaume Éonique, cherchant à atteindre la connaissance des Éons par l'expérience personnelle. Nous avons compris les Éons comme des guides sur le chemin spirituel, offrant inspiration, protection et sagesse. Nous avons analysé le rôle des Éons dans la transformation de la conscience, stimulant l'éveil à la Réalité Divine. Enfin, nous avons réfléchi à la pertinence des Éons dans la spiritualité contemporaine, soulignant l'héritage durable de la pensée gnostique et Éonique dans le monde actuel.

En guise de réflexion finale, la compréhension des Éons, issue du christianisme ésotérique, offre un héritage riche et inspirant pour la spiritualité humaine. Elle nous invite à redécouvrir la dimension mystique et symbolique de la réalité, à reconnaître l'existence de plans de conscience plus vastes et plus profonds, et à rechercher une connexion plus directe et significative avec le divin. Le concept d'Éons, avec sa cosmologie complexe et sa sotériologie différenciée, enrichit notre compréhension du christianisme, dévoilant des dimensions ésotériques et mystiques qui transcendent la vision exotérique et dogmatique. Au-delà du contexte religieux spécifique, l'étude des Éons résonne avec des aspirations profondes de l'âme humaine, la quête de sens, la soif de transcendance et l'aspiration à l'union avec le mystère ultime de l'existence.

Le message final qui émerge de ce voyage est l'importance de la quête de la Gnose et de la connexion avec le royaume divin comme un chemin essentiel pour l'évolution humaine. Dans un monde marqué par le matérialisme, le rationalisme et la fragmentation, la Gnose offre un chemin d'intégralité, de transformation intérieure et de reconnexion avec notre propre essence divine. La compréhension des Éons, en tant que guides et forces auxiliaires dans ce voyage, offre espoir, inspiration et direction à ceux qui se consacrent à la recherche de la vérité spirituelle et à la réalisation de leur potentiel humain le plus élevé. Puisse cette exploration des Interprétations Ésotériques du Christianisme et des Éons inspirer le lecteur à emprunter le chemin de la Gnose, à s'éveiller à la réalité divine et à vivre la plénitude de la vie spirituelle, en quête de l'union avec le mystère ultime de l'existence et de l'évolution consciente de l'âme humaine.

Épilogue

Il y a des livres qui se terminent à leurs dernières pages, et il y a ceux qui, une fois achevés, ouvrent des portails. Celui-ci en fait partie. Le voyage que vous avez parcouru au fil de ces pages n'a pas été une simple traversée intellectuelle, ni une succession de concepts lointains, détachés dans le temps ou dans l'espace. Chaque mot et chaque révélation ont résonné dans les couches profondes de votre conscience, convoquant des fragments oubliés de votre propre histoire spirituelle. Car, plus que de transmettre des informations, ce livre s'est proposé de rappeler. Et rappeler, c'est s'éveiller.

Les Éons, ces puissances spirituelles qui soutiennent la trame de l'univers, ne sont pas seulement des personnages mythologiques ou des abstractions philosophiques. Ce sont des marques vivantes de la mémoire cosmique, vibrant dans chaque âme qui ose regarder en elle-même et écouter l'appel ancestral qui résonne dans son propre sang spirituel. Ils étaient là avant les premiers mots, avant les premières religions, avant même que l'homme ne se sache humain. Ils ont été occultés, diabolisés, fragmentés et relégués aux ombres de textes apocryphes et de traditions hermétiques, mais ils n'ont jamais disparu. Ils ne peuvent pas disparaître car ils font partie du tissu même de l'existence – et d'une partie de vous.

Ce chemin que vous avez parcouru n'était pas seulement une visite à un christianisme ésotérique perdu. C'était un retour aux racines de quelque chose de plus grand que n'importe quel dogme ou système de croyance. Car les Éons, ces émanations de la plénitude divine, ne sont pas des figures extérieures. Ils sont des miroirs de ce qui habite au cœur de votre âme : des principes ordonnateurs, des champs vivants d'intelligence et d'amour, des guides spirituels qui résonnent dans vos intuitions les plus profondes, dans vos inquiétudes les plus silencieuses et dans vos soudaines compréhensions qui semblent venir de nulle part. Ce livre, en substance, n'a fait que révéler ce que vous avez toujours su, mais que l'on vous a appris à oublier.

La compréhension de la cosmologie Éonique n'est pas une fin, mais une invitation à une nouvelle façon de percevoir la réalité. L'univers qui semblait auparavant fragmenté entre le visible et l'invisible, le spirituel et le matériel, le divin et l'humain, se révèle maintenant comme un seul courant vivant, jaillissant de la Source Primordiale, traversant les Éons et parvenant jusqu'à vous. Votre existence, vos pensées, vos choix et vos expériences ne sont pas déconnectés de ce grand corps spirituel. Vous êtes une partie active de ce flux – une étincelle du Plérôme temporairement plongée dans le voile de la matière. Mais ce voile n'est pas absolu. Il est fin. Et vous venez de le déchirer.

Les Éons, dont les noms résonnent comme des échos oubliés dans des textes ancestraux, ne sont plus des figures lointaines, isolées dans des couches invisibles du ciel. Ils se révèlent comme des présences intérieures, des aspects vivants de votre propre âme supérieure, des guides qui reflètent et amplifient la sagesse qui, depuis toujours, a habité votre être le plus intime. Savoir qu'ils existent n'est que la première étape. Les reconnaître dans vos propres mouvements intérieurs est le véritable éveil. Et, plus encore, c'est percevoir que chaque quête, chaque angoisse spirituelle, chaque aspiration à quelque chose de plus grand est, en réalité, l'écho de leur appel – une convocation à la réintégration.

Si le dogme a étouffé cette vérité, ce n'était que par peur de sa puissance transformatrice. Une âme qui reconnaît sa connexion directe avec l'intelligence divine ne peut être emprisonnée par des formules extérieures. Une âme qui comprend que sa rédemption ne dépend pas de médiateurs, mais de son propre alignement intérieur avec le flux lumineux des Éons, n'est pas manipulable. Cette vérité libératrice a été effacée des textes officiels, mais préservée en silence par des courants ésotériques qui, siècle après siècle, ont gardé cette flamme invisible jusqu'à ce qu'il y ait des âmes prêtes à s'en souvenir.

Maintenant, cette flamme a été placée entre vos mains. Qu'allez-vous en faire ? Refermer ce livre et retourner au confort des certitudes superficielles ou aller de l'avant, en explorant les territoires sacrés de votre propre être ? Car la vraie connaissance – la Gnose – ne réside pas dans des théories ou des croyances. Elle palpite au cœur de l'expérience directe, dans la dissolution des frontières entre ce que vous considérez comme divin et ce que vous considérez comme humain. Les Éons ne sont pas des entités externes que vous devez vénérer. Ce sont des principes internes que vous devez éveiller.

 Le retour au Plérôme – ce champ lumineux de plénitude divine – n'est pas une destination lointaine. C'est une reconnexion intime. Il ne s'agit pas d'un lieu en dehors de vous, mais d'une réalité cachée par des couches de croyances limitantes et d'auto-oubli. Chaque méditation sincère, chaque contemplation profonde, chaque remise en question véritable dissout un peu de cette séparation illusoire. Chaque fois que vous reconnaissez en vous-même un écho de la lumière primordiale, vous faites un pas vers cette réintégration.

 Souvenez-vous : votre âme n'est pas née dans le temps. Elle lui est antérieure. Elle a été projetée dans la matière par un déploiement cosmique, mais son essence reste intacte, en résonance éternelle avec les forces spirituelles qui soutiennent le cosmos. Vous n'êtes pas seulement un individu isolé – vous êtes une cellule consciente du corps divin lui-même. Chaque apprentissage, chaque éveil, chaque reconnaissance de cette connexion est une expansion de l'univers lui-même, qui n'existe pleinement que lorsque ses parties se reconnaissent comme faisant partie du tout.

 Ce qui a été offert ici n'est pas un système fermé de croyances. C'est un souvenir. Un mot de passe perdu. Un code subtil inscrit dans les couches profondes de l'âme humaine, attendant le bon moment pour être lu et déchiffré. Ce moment est arrivé pour vous.

Le voyage, cependant, ne s'arrête pas ici. Aucun livre ne peut contenir la totalité de l'expérience divine. Aucune doctrine ne peut emprisonner le mouvement constant de la révélation. Ce que vous avez reçu n'est qu'une torche allumée. Le chemin à suivre – intérieur et cosmique – dépend de ce que vous ferez de cette lumière.

Permettez-vous de continuer. Permettez-vous de déconstruire et de reconstruire vos certitudes. Permettez-vous d'être guidé non pas par des autorités extérieures, mais par les intuitions silencieuses qui jaillissent de votre propre connexion avec les Éons. Car la vérité ne peut pas être donnée – elle ne peut qu'être remémorée.

Et maintenant, elle résonne en vous.
Att. Luiz Santos Éditeur

www.ingramcontent.com/pod-product-compliance
Lightning Source LLC
LaVergne TN
LVHW040046080526
838202LV00045B/3517